郑万铁路岩溶隧道突水力学机理及处治措施研究

张 桥 王明慧 编著

西南交通大学出版社
·成 都·

图书在版编目（CIP）数据

郑万铁路岩溶隧道突水力学机理及处治措施研究 / 张桥，王明慧编著. —成都：西南交通大学出版社，2020.6
ISBN 978-7-5643-7487-7

Ⅰ. ①郑… Ⅱ. ①张… ②王… Ⅲ. ①岩溶区 – 铁路隧道 – 隧道施工 – 突水 – 研究 – 中国 Ⅳ. ①U459.1

中国版本图书馆 CIP 数据核字（2020）第 107364 号

Zheng-Wan Tielu Yanrong Suidao Tushui Lixue Jili ji Chuzhi Cuoshi Yanjiu
郑万铁路岩溶隧道突水力学机理及处治措施研究

张　桥　王明慧　编著

责任编辑	姜锡伟
封面设计	何东琳设计工作室
出版发行	西南交通大学出版社 （四川省成都市金牛区二环路北一段 111 号 西南交通大学创新大厦 21 楼）
邮政编码	610031
发行部电话	028-87600564　028-87600533
网址	http://www.xnjdcbs.com
印刷	成都蜀通印务有限责任公司
成品尺寸	170 mm × 230 mm
印张	11.25
字数	162 千
版次	2020 年 6 月第 1 版
印次	2020 年 6 月第 1 次
书号	ISBN 978-7-5643-7487-7
定价	98.00 元

图书如有印装质量问题　本社负责退换
版权所有　盗版必究　举报电话：028-87600562

序

  郑万高速铁路,简称郑万铁路,是郑渝高速铁路的重要组成部分,同时也是联系华北、华中地区和西南地区的主要高速客运通道。郑万铁路全线建筑长度 818 km,估算总投资 1 180 亿元人民币,是国家完善快速铁路网布局的重要环节,对国家经济发展战略布局有着重大意义。郑万铁路重庆段穿越云阳、奉节、巫山三处岩溶发育地区。岩溶富水区的突泥突水问题对铁路隧道建设影响极大,施工措施采取不当可能造成人身伤亡、地表塌陷、水资源损失、地下水污染等工程灾害。为了防止岩溶隧道突水突泥引发严重的工程事故,本书以郑万铁路重庆段里程最长、岩溶发育的小三峡隧道为背景,采用数值模拟和理论分析相结合的方法,开展小三峡岩溶隧道突水机理和防治措施研究。主要研究成果如下:

  (1)根据小三峡隧道前期地质勘察工程地质和水文地质资料,总结了小三峡隧道围岩岩体结构特点和隧道沿线的岩溶发育特征,在此基础上提出了岩溶隧道围岩岩体结构的概化模型,为后续研究岩溶隧道突水机理奠定了基础。

  (2)在岩溶隧道围岩岩体结构概化模型的基础上采用离散元 3DEC 软件建立了小三峡隧道围岩岩体水力模型,针对小三峡隧道围岩周围存在隐伏空溶洞、隐伏充水溶洞的情况,考虑溶洞与隧道的空间位置不同,设置了 6 种典型工况,计算了溶洞与隧道间存在不同间距时隧道围岩的位移和应力变化规律；然后在此基础上考虑围岩渗流场的影响，计算了隧道围岩位移、应力和岩体孔隙水压力规律，为后续分析岩溶隧道突水判据奠定了基础。

（3）在分析岩溶隧道典型突水机理的基础上，针对小三峡隧道围岩节理发育的特点，提出了小三峡隧道围岩突水的剪切破坏和劈裂破坏机理，并采用断裂力学研究方法提出了基于剪切破坏和劈裂破坏机理的临界水压力计算公式；然后在此基础上，采用有限元方法建立岩溶隧道平面应变模型，研究了当岩溶位于隧道拱顶、掌子面前方和隧道底部时，避免岩溶隧道围岩突水的最小防突层厚度，为指导小三峡隧道施工提供了技术支持。

（4）在介绍岩溶隧道突水防治的基础上，针对小三峡隧道的特点，开展了小三峡隧道突水预防超前地质预报方法和注浆防治措施研究，研究成果可为小三峡隧道施工中的岩溶突水灾害提供技术指导。

Contents

目录

1 绪论 1
   1.1 研究背景与意义 1
   1.2 国内外研究现状 2
   1.3 本书主要研究内容 25

2 工程概况 27
   2.1 工程项目自然特征 27
   2.2 项目工程特点 31
   2.3 小三峡隧道工程地质和水文地质条件 33

3 小三峡岩溶隧道围岩岩体结构概化模型研究 44
   3.1 小三峡岩溶隧道围岩岩体结构概化概述 44
   3.2 小三峡隧道围岩结构特点 45
   3.3 小三峡隧道沿线岩溶分析 46
   3.4 隧道围岩岩体结构概化模型 49
   3.5 本章小结 52

4 小三峡岩溶隧道围岩岩体水力模型研究 53
   4.1 小三峡岩溶隧道围岩岩体水力情况概述 53
   4.2 岩溶隧道围岩岩体水力分析模型 53
   4.3 岩溶隧道隐伏空溶洞的围岩力学特性 62
   4.4 岩溶隧道隐伏充水溶洞的围岩力学特性 78
   4.5 考虑渗流场和隐伏充水溶洞的岩溶隧道围岩力学特性 · 102

  4.6 本章小结 ……………………………………………………… 112
5 小三峡岩溶隧道突水评价判据及防突层计算研究 ……… 113
  5.1 突水评价判据概述 …………………………………………… 113
  5.2 岩溶隧道突水机理分析 ……………………………………… 113
  5.3 考虑渗流影响的隧道围岩失稳突水力学判据 …………… 114
  5.4 岩溶隧道最小防突层厚度计算 ……………………………… 117
  5.5 本章小结 ……………………………………………………… 131
6 小三峡岩溶隧道突水灾害注浆防治措施研究 ……………… 132
  6.1 岩溶隧道突水灾害注浆防治概述 …………………………… 132
  6.2 岩溶隧道突水防治原则 ……………………………………… 132
  6.3 岩溶隧道突水注浆封堵措施 ………………………………… 136
  6.4 本章小结 ……………………………………………………… 152
7 结　论 ……………………………………………………………… 154
附录 ………………………………………………………………… 156
  附录一　隐伏空溶洞对隧道围岩应力和位移影响的计算结果
  …………………………………………………………………… 156
  附录二　隐伏充水溶洞对隧道围岩应力和位移影响的计算结果
  …………………………………………………………………… 160
  附录三　考虑渗流影响的隧道围岩应力、位移和孔压计算结果
  …………………………………………………………………… 164
参考文献 …………………………………………………………… 167

1 绪 论

我国岩溶地区分布广泛，可溶岩层分布面积约占国土总面积的1/3，其中以西南部云、贵、桂和川、鄂、湘部分地区岩溶最为发育。随着我国西部大开发建设的蓬勃发展，在岩溶地区修建隧道、水电站、跨流域调水以及深部矿井等地下工程中不断遇到岩爆、塌方、瓦斯突出、涌泥等大型地质灾害，其中以岩溶突水最为严重。从目前国内外隧道施工现状及发展趋势来看，岩溶地区富水地段修建长大深埋隧道的技术尚不成熟，开展岩溶地区突水机理与防治对策的研究，有效遏制突水、涌泥等灾害事故的发生，保障地下工程的安全施工，已成为目前岩石力学与工程领域亟需解决的关键科学技术难题[1]。

1.1 研究背景与意义

随着我国隧道、矿山、水利以及其他地下工程建设的迅猛发展，所遇到的工程地质条件日趋复杂，面临的问题也越来越具有挑战性，高压突水、涌泥地质灾害屡有发生，地下深埋工程施工处在各种突发性灾害的巨大威胁之中，尤其是高压、富水区高埋深岩溶隧道面临高压突水、涌泥的危险。据相关资料统计，仅20世纪80年代，我国长岩溶隧道就有26座，约占隧道总数量的40%，其中西南、中南地区17座，占岩溶隧道数量的65%左右，且在施工过程中均遭受到不同程度岩溶水的侵害，其中10座发生了较大岩溶突水地质灾害。据西部已建和在建隧道的不完全统计，位于岩溶地区的隧道占50%，且多条隧道发生了大型突水、涌泥地质灾害[2]。

本书以新建郑（州）万（州）铁路重庆段为研究背景，结合国内外相关研究现状及其发展趋势，采用离散元软件建立小三峡隧道三维岩体结构概化模型，研究小三峡岩溶隧道的突水机理；采用有限元软件建立数值计算模型对预防岩溶突水的防突层最小厚度进行计算，为小三峡隧道安全施工提供技术支撑。同时，针对小三峡隧道的特点，本书还研究小三峡隧道的突水预防超前地质预报方法和注浆防治措施，为小三峡隧道施工中的岩溶突水灾害提供技术指导。

1.2 国内外研究现状

1.2.1 岩溶突水机理研究现状

岩溶涌（突）水通道形成具有两种形式：一种是完整岩体裂隙演化导致产生突水通道，即没有明显地质缺陷；另一种是地质缺陷式涌（突）水通道，诸如断层破碎带以及岩溶管道等等。对于第一种类型突水通道，若不考虑外力干扰影响，裂隙岩体形成通道演化过程受岩石类材料本身裂纹演化影响，一般表现为水力劈裂现象，实质上是高水头作用下岩体断续裂隙发生扩展，直至相互贯通后再进一步张开所致。而对于第二种涌（突）水通道，其形成、演化与发展过程除了与岩溶通道本身有一定关系外，还与水压、地应力以及爆破等外界因素密切相关[3]。刘招伟[2]初步揭示了圆梁山隧道岩溶突水机理，根据水压力作用在隧道工程不同部位情况，进行了板柱型突水、拱梁型突水和岩梁型突水三种突水类型力学分析。资谊和马士伟[4]利用薄板理论、剪切破坏理论对岩溶隧道涌突水地质灾害破坏机理和行为特征进行了研究，并明确地指出薄板理论适用于隧道跨度较大、隔水岩板完整性好并且较薄的情况，剪切破坏理论适用于隧道跨度较小、隔水岩板较厚并且破碎的情况。

突水通道形成机理主要取决于突水条件和突水模式。在数值模拟方面,突水机理研究重点集中在渗流-损伤耦合作用上,即基于有限差分法、离散单元法、真实破裂过程分析(RFPA)等商业程序,借助于弹塑性、断裂和损伤数值模型,引入介质断裂、损伤判断准则,以此来研究岩体突水过程渗流-损伤耦合行为[5-7]。此外,还有人通过判断塑性区或变形引起渗透性改变可以定义突水通道,他们借助于断裂力学理论数值分析模型,有效地分析和研究了隧道开挖、矿山开采中的水力劈裂现象,分析了水压力对裂纹扩展影响的力学机制[8,9];仵彦卿先后提出了考虑温度场岩体渗流场与应力场耦合分析等效连续介质模型、改进等效连续介质模型、狭义和广义双重介质模型以及裂隙网络介质模型[10]。黄涛和杨立中[11]提出了渗流与应力耦合环境下以及渗流场、应力场与温度场耦合环境下,裂隙围岩特长大埋深隧道涌水量预测计算确定性数学模型,并用隧道实例进行计算验证。岩溶隧道由于更易发生涌水灾难而成为山区隧道水文地质学的研究关注点。

1.2.2 岩溶隧道突水模型研究现状

针对岩溶突水问题,研究初期国内外学者主要采用经验分析和工程类比法对岩溶隧道突水进行分析,受主观因素影响导致分析结果存在较大误差,对于实际指导隧道施工还有待进一步研究。近年来,很多学者采用数值计算的方法,在揭示溶洞对隧道影响规律方面做了大量研究。目前关于岩溶隧道的数值模拟方法主要分为三类:有限元法、离散元法、Modflow渗流法。

(1)有限元法。

张宪堂等[12]运用 FLAC^{3D} 软件在分析研究区地质条件的基础上,采用半无限空间的水文地质计算模型(图1.1),以典型剖面模拟计算为例阐述了其在海底隧道涌水量预测中的应用,并指出数值模拟方法相较于经验解析法更适合复杂地质条件和边界条件下海底隧道涌水量的计算(表1.1)。

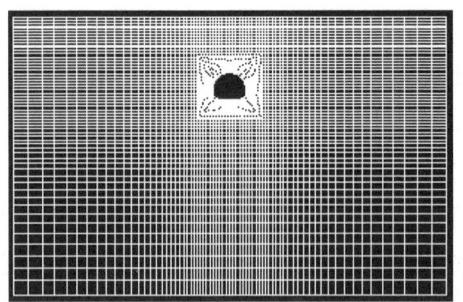

图 1.1　FLAC³ᴰ 计算模型[12]

表 1.1　隧道涌水量计算结果

典型剖面	围岩类型	渗透系数/(cm·s⁻¹)	用水量/(m³·d⁻¹·m⁻¹)	
			马卡斯特	数值模拟
K30+100	熔结凝灰岩	7.0×10^{-7}	0.168	0.171

郭伟[13]采用 FLAC³ᴰ 对侧部水压充填型岩溶隧道施工过程中的围岩位移、塑性区、应力、锚杆轴力和喷混凝土层力学特性进行了数值模拟研究，通过和实际测量相对比发现 FLAC³ᴰ 数值模拟能比较准确地反映现场情况（图 1.2）。

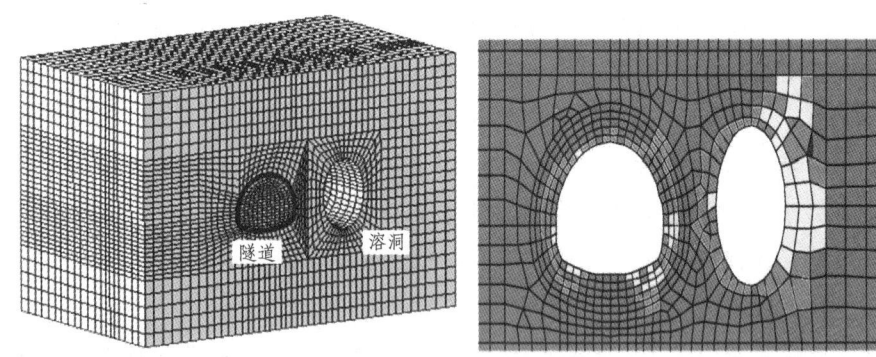

图 1.2　隧道计算模型及围岩塑性区[13]

谭代明等[14]结合忠垫高速公路岩溶隧道施工过程，利用有限差分软件 FLAC³ᴰ 对侧部含有溶洞的隧道围岩稳定性进行了数值模拟研究，并将数值计算结果与现场监测结果进行比较分析。研究结果表明：隧道开挖后，围岩分别向溶洞内和隧道内变形，溶洞与隧道之间的围岩向两个相反的方向变形，是较危险区域，且围岩塑性区主要集中在隧道的周围和溶洞的左右侧部，溶洞的顶部和底部处塑性区较少（图1.3）。

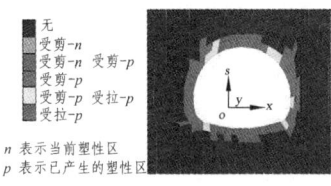
（a）$y=15\text{ m}$ 断面

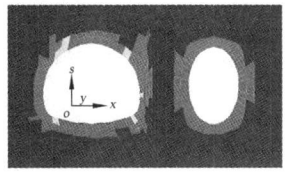
（b）$y=21\text{ m}$ 断面

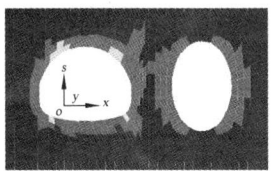
（c）$y=27\text{ m}$ 断面

图1.3 典型断面围岩塑性区[14]

莫阳春[15]用 FLAC^{3D} 建立隧道掌子面前部和拱顶部存在高压充水溶洞的三维隧道模型，采用三维快速 Lagrange 法，对隧道全断面开挖与支护过程中的力学行为进行研究，获得了高水压充填型岩溶隧道在动态分步开挖、分步支护情况下围岩位移、应力和围岩塑性区的分布规律及支护结构的受力和变形特征。

安文生[16]利用 FLAC^{3D} 的分析方法，建立了三维数值模型分析不同充填厚度对隧洞的影响，通过对比周围塑性区和内部位移变化，表明随着充填物厚度的增加，隧洞发生突水涌泥的概率会愈来愈小（图1.4）。

刘继国等[17]用 FLAC^{3D} 软件对厦门海底隧道F4风化深槽的涌水情况进行了流固耦合分析。建模过程采用有限元软件 ANSYS，然后导入 FLAC^{3D}，最后用 FLAC^{3D} 模拟计算隧道施工三个阶段的涌水量。研究表明：在隧道开始开挖阶段，涌水量较大，之后逐渐趋于稳定；左右侧导坑开挖时，涌水量逐渐增大；隧道中间部分开挖后，涌水量有所降低（图1.5）。且该文预测的隧道最大涌水量与勘察报告中理论计算涌水量十分接近，可对整个隧道的涌水量进行预测。

---

① 本书中所有二维码内容均为相应图片的彩图。

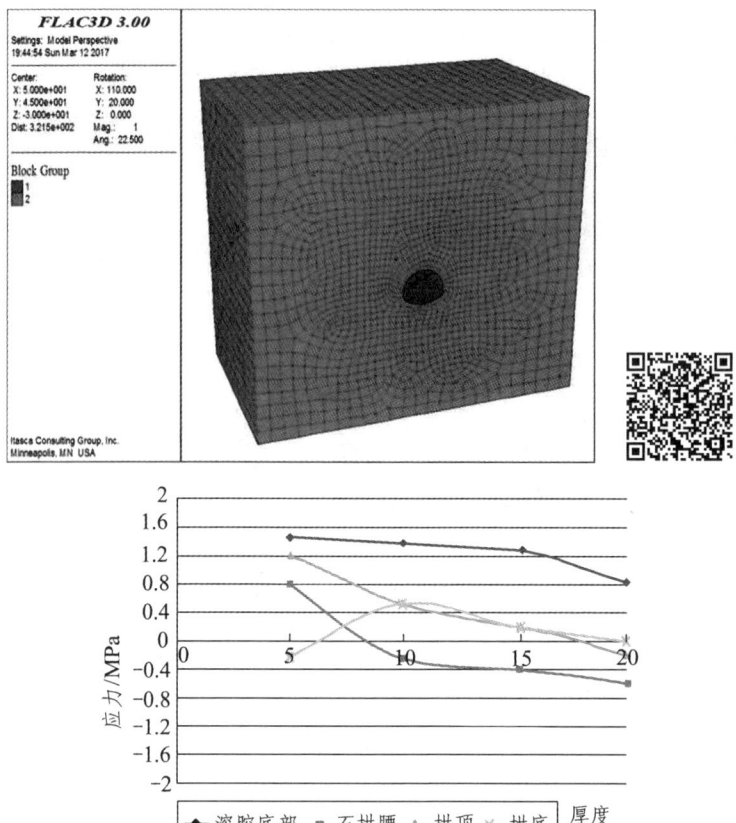

图 1.4 三维数值模型及主应力随填厚度的变化[16]

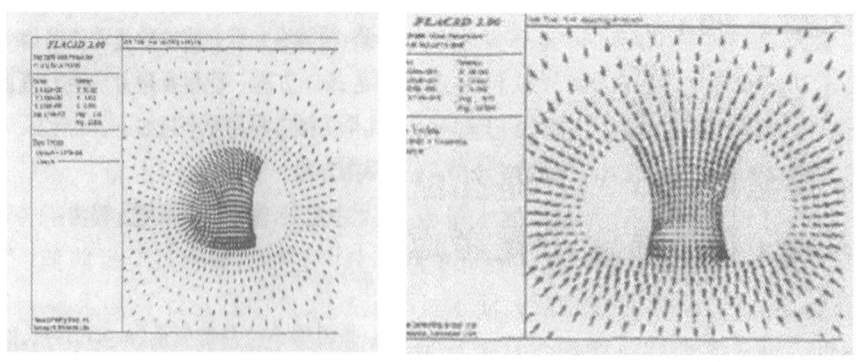

图 1.5 隧道左右导坑开挖流体矢量图[17]

张旭东[18]运用 FLAC³ᴰ 有限差分软件对有充水溶洞下填充物不同厚度、不同水压力和不同开挖宽度时的围岩稳定性进行了模拟分析。研究结果表明：隧道开挖宽度及溶腔水压一定时，溶腔沉积层厚度越大，溶腔与隧道之间塑性区的贯穿可能性越小，掌子面的法向位移随着沉积层厚度的增加而减小；溶腔沉积层厚度和溶腔水压一定时，随着隧道开挖宽度的增大，最大主应力中压应力最大值也增大，主要分布在模型的底部和沉积层与隧道交叉部位掌子面前方一定距离处；溶腔沉积层厚度和隧道开挖宽度一定时，溶腔水压力越大围岩最大主应力最大值越大；溶腔水压力越大，隧道掌子面的法向位移越大，溶腔与隧道之间塑性区的贯穿可能性越大，越容易发生溃水（图1.6）。

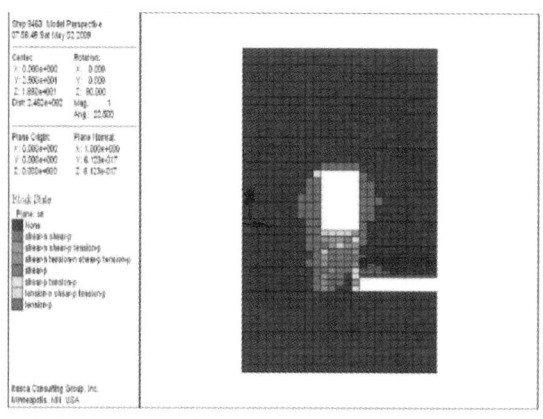

（a）沉积层厚度为 15 m 时塑性区开展情况

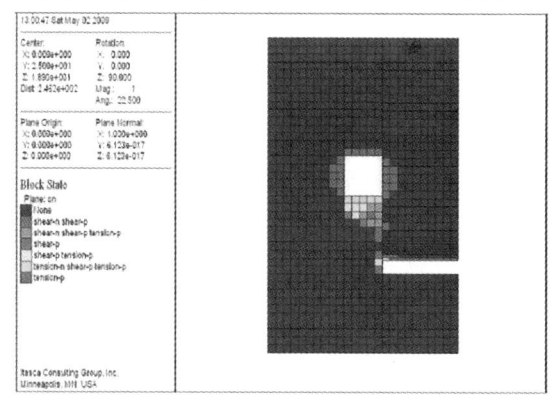

（b）沉积层厚度为 20 m 时塑性区开展情况

图1.6　不同沉积层厚度围岩塑性区分布[18]

石少帅[19]以三峡翻坝高速公路季家坡隧道为背景，通过有限差分软件 FLAC³ᴰ 程序模拟分析在地应力和高水头岩溶水压力的应力环境中，隧道开挖扰动、丰水期诱发的突水失稳过程，探讨了充填型裂隙突水突泥失稳机理（图1.7）。研究结果表明：裂隙失稳突水涌泥是开挖扰动和高地下水位作用下渗流诱发充填体渗透失稳的结果，开挖初期，裂隙内部的充填物和周围岩体的应力、位移以及渗流等多元信息均平稳增长；当开挖面越过裂隙时，充填物局部产生微小通道，水压作用下微小通道扩展、慢慢贯通，形成微渗流通道，并逐渐具备涌水特征，裂隙充填物的多场信息进入快速增长阶段，此时表现为小型的点滴状涌水；随着开挖面的持续推进，裂隙充填物的微渗流通道逐渐扩径，形成大通道，充填物中的泥沙伴随涌水慢慢涌出，此时表现为连续涌水，且涌水量和速度随时间慢慢增大；当达到临界值时，充填物内突水管道形成，裂隙充填物的多场信息集体发生突跳，大量泥沙和水突涌而出，充填物瞬间失稳，发生突水涌泥。

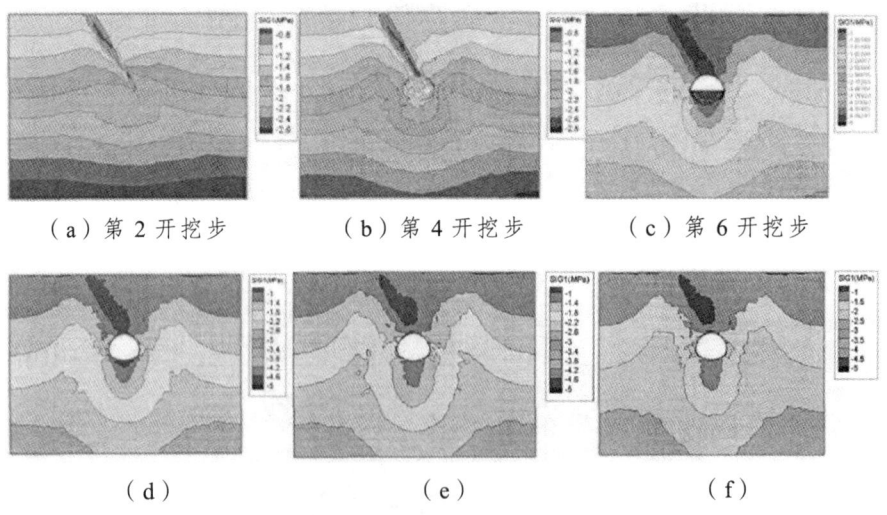

(a) 第2开挖步　　(b) 第4开挖步　　(c) 第6开挖步

(d)　　　　　　(e)　　　　　　(f)

图1.7　开挖过程中横剖面竖向位移应力云图[19]

庄旭峰等[20]借助大地电磁解译和 MIDAS-GTS 程序计算模拟岩溶水压下隧道二衬的内力与位移，分析了隧道建成后岩溶水对隧道的影响。研究结果表明：减压泄水是岩溶隧道工程的关键，修筑集水廊道、疏通岩溶管道是根治此类病害的较好选择（图 1.8）。

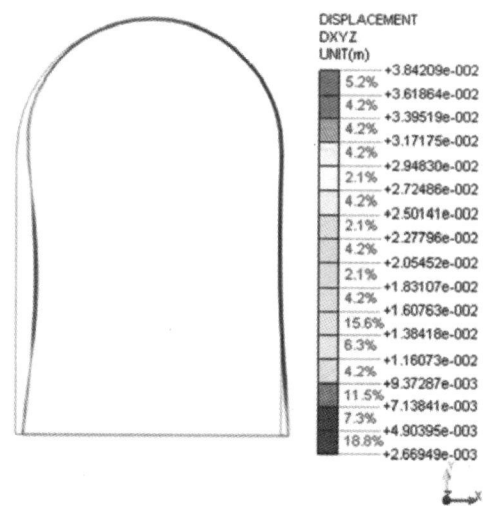

图 1.8 水压后竖向衬砌变形图[20]

高浩钧[21]根据实际工程，采用有限元软件 ANSYS 建模，然后导入 FLAC^{3D}，隧道计算模型如图 1.9 所示，利用 FLAC^{3D} 研究了水压充填型溶腔对隧道稳定性的影响。研究结果表明：随着隧道围岩等级的降低，发生突水灾害时，掌子面附近围岩所能承受的水压也就越低，同等水压条件下，所需要预留的安全厚度越大。

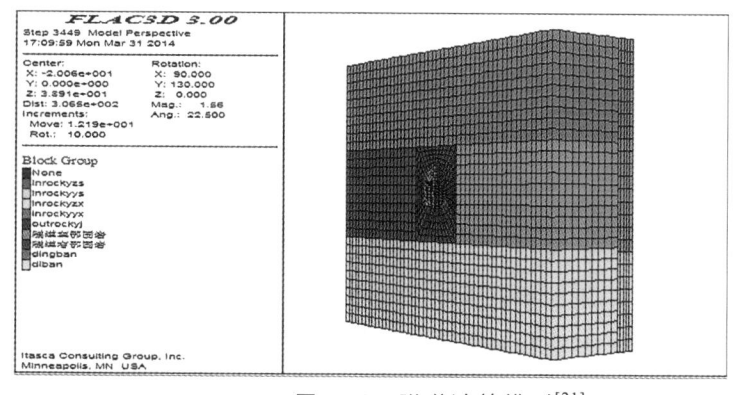

图 1.9 隧道计算模型[21]

聂志凌[22]通过建立 FLAC³ᴰ 有限元模型模拟初始地应力，计算了不同形态岩溶对隧道结构的影响。研究结果表明：溶洞直径越大，距离隧道越近，溶洞内水压越大，对隧道围岩及衬砌越不利；溶洞对隧道靠近溶洞的一侧影响相对较大；顶部溶洞与底部溶洞对隧道围岩及隧道衬砌的影响规律有相似性，如图 1.10 所示。

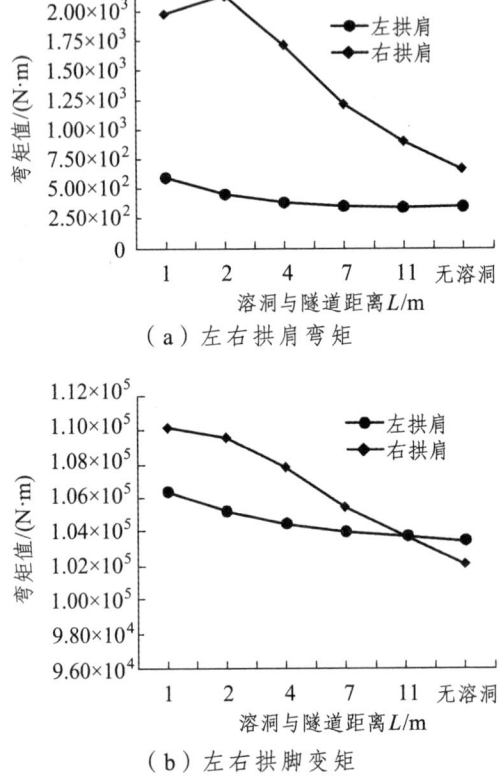

图 1.10　测点弯矩随溶洞距离的变化趋势[22]

周毅[23]应用 FLAC³ᴰ 建立三维数值模型，模拟工程突水的主要致灾构造。他通过开挖和水压加载，系统研究了施工扰动和渗透作用下，岩溶管道充填介质渗透灾变演化过程和突水前兆规律。研究结果表明：施工过程中充填型岩溶管道突水是开挖扰动和高地下水位高渗透力作用诱发充填物渗透失稳的结果；充填物对开挖及水压作用的响应比围岩更加

1 绪 论

强烈;突水的灾变演化过程经历四个阶段——形成离散的微小裂隙、裂隙连通形成导水通道、在渗流作用下导水通道扩展延伸、导水通道贯通形成突水路径,其中前两个阶段主要受开挖扰动影响,后两个阶段与高水位高水压的渗流作用密切相关。

张尔品[24]运用 MIDAS-GTS 软件对隧道隔水隔泥岩土盘破坏规律进行了分析。研究结果表明:双裂隙岩盘的变形破坏是由中间岩石块体向外整体滑移造成的剪裂破坏;裂隙黏土充填的节理裂隙化岩盘在渗流作用下的变形破坏方式,即裂隙间黏土在渗流作用下强度降低后,岩盘中部岩石块体沿裂隙向临空面整体滑动导致的剪裂破坏。其计算模型及裂隙土层位移如图 1.11 所示。

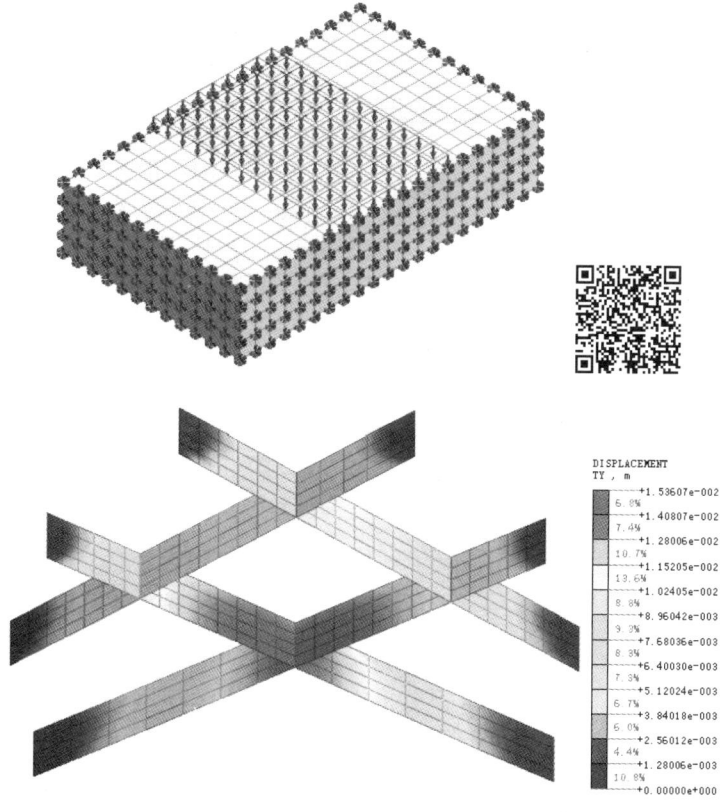

图 1.11 计算模型及裂隙土层位移[24]

刘记[25]应用FLAC³ᴰ建立三维数值模型,将隧道溶洞均简化为圆形,通过改变溶洞直径、溶洞水压、溶洞隧道间距来研究溶洞直径、水压、间距对隧道的影响。研究结果表明:溶洞直径的变化对隧道结构力学行为产生重要影响,尤其是洞径较小或较大时,使得支护结构上不同部位间的内力值相差较大;溶洞内存在水压时对隧道的安全性影响更为不利,随着溶洞内水压力增加,隧道拱顶部位的内力增幅最大,而拱肩和拱腰部位内力值不增反降;溶洞与隧道间距越小,对隧道的影响越明显,隧道各部位对距离的变化响应也越显著。其三维模型及测点竖向位移随水压的变化如图1.12所示。

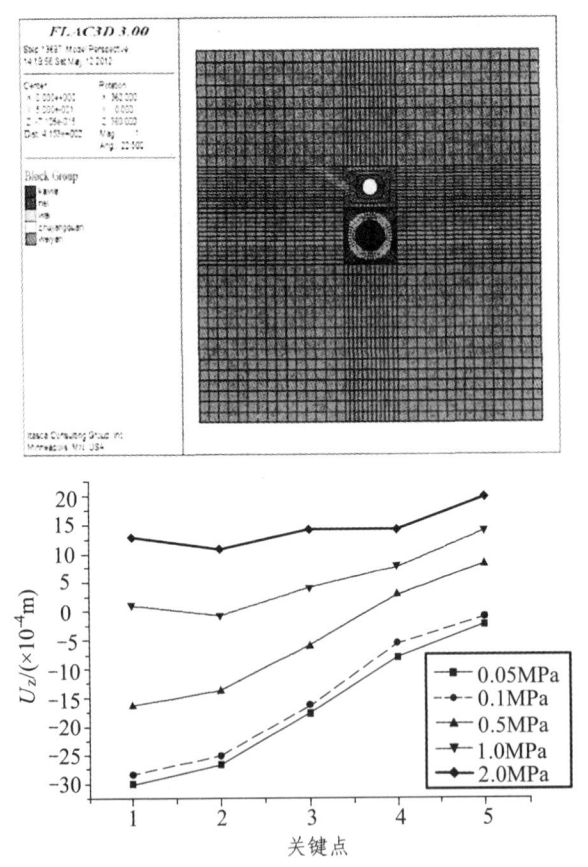

图1.12 三维计算模型及测点竖向位移随水压的变化[25]

1 绪 论

刘招伟[2]采用 FLAC^{2D} 软件构建岩溶突水的计算模型（图 1.13），对岩溶突水规律进行了模拟分析。研究结果表明：岩溶管道周围的塑性区和隧道开挖周围所形成的塑性区直接沟通是发生岩溶突水突泥的充要条件；不同突水模式具有相似的突水机理，受不同空间位置的影响，各种突水模式产生的最大涌水量和位移是不同的，产生突水的临界距离也不同，因此突水防治的难度和侧重点也应有不同。

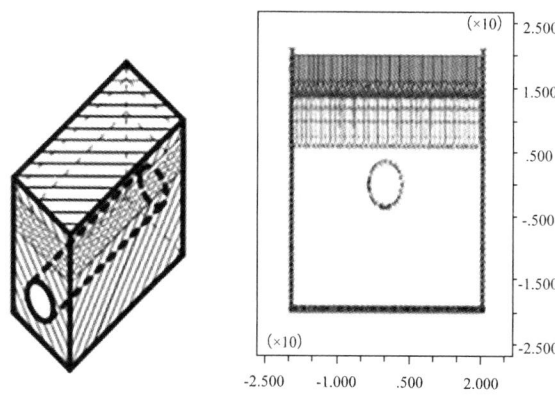

图 1.13 岩溶隧道 FLAC^{2D} 模型[2]

（2）离散元法。

郭佳奇[26]采用 UDEC 离散元分析软件，建立了岩溶隧道计算模型，如图 1.14 所示，分析了岩溶区非完整岩体中新建山岭隧道与侧部隐伏高压富水充填溶腔间防突岩层破裂突水过程，通过分析将岩溶突水划分为高压裂隙突水、富水溶腔突水、地下暗河或岩溶管道突水及断层突水，并探讨了岩溶隧道突水的影响因素，将其分为地质因素和非地质因素两种情况。

高杨[27]采用 UDEC 软件建立计算模型，对德江隧道开挖裂隙扩张高度进行了离散元数值模拟。研究结果指出德江隧道开挖形成的导水裂隙高度大于弱透水顶板厚度，导水裂隙将波及高压含水体，所以顶板小于 45 m 的情况下隧道开挖形成的导水裂隙都将波及上覆含水体，对实际工程的施工具有重要参考价值。

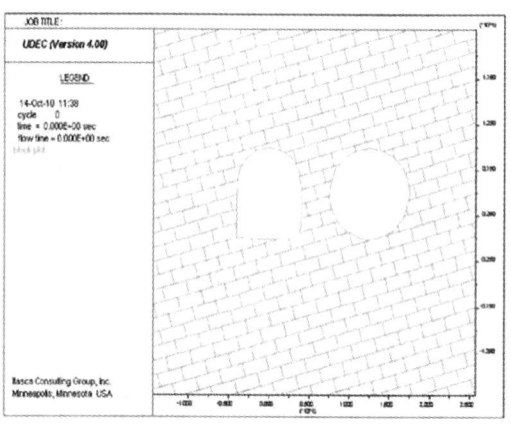

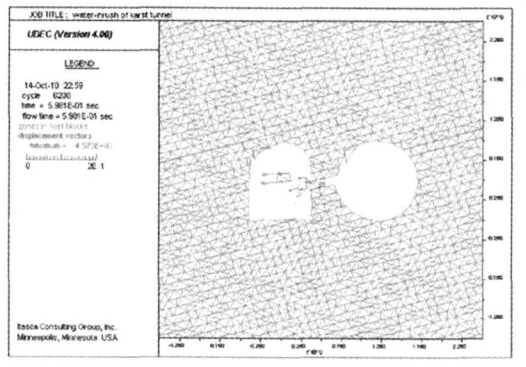

图 1.14　岩溶隧道突水模型及突水位移场分布[26]

孙玉杰等[28]采用UDEC离散单元法中关于裂隙岩体开挖模拟及水力全耦合分析模型，分析了裂隙岩体洞室开挖后围岩应力与水力耦合作用导致的裂隙隙宽变化及渗流变化的过程。结果表明：洞室开挖完成后，在围岩渗流与应力耦合作用下，围岩中裂隙隙宽、裂隙中水压及其渗透流量的变化是一个动态过程，且相互作用并相互依赖；裂隙的闭合使得结构面水力梯度变大，作用在裂缝上的渗透压力增大，促进导水裂缝扩展，裂隙连通性增加；裂缝张开度增大，渗透能力增强，渗流量增大，其渗流压力相应降低；由于围岩中裂隙隙宽、压力和渗流量的动态依赖性，在一定条件下，裂隙隙宽的改变可导致局部水力通道的形成，高压水头从局部涌出，从而促进突水灾害的形成，如图 1.15 所示。

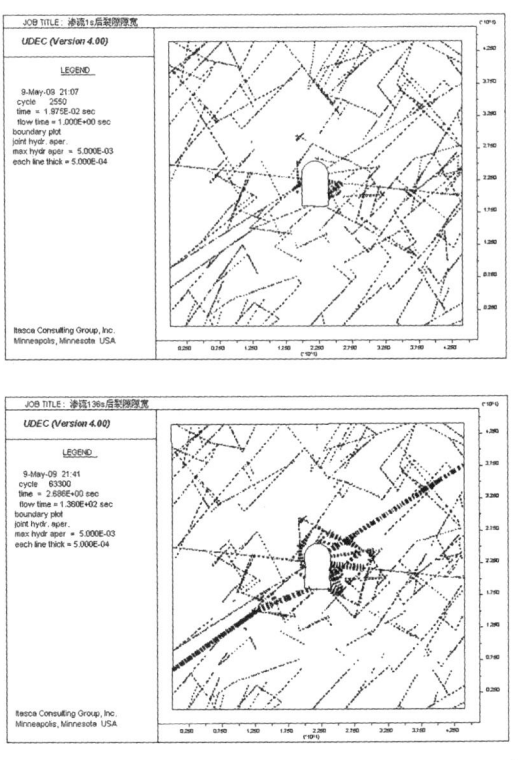

图 1.15 岩溶隧道渗流裂隙隙宽变化（UDEC）[28]

王艳丽[29]采用UDEC离散单元法建立了裂隙岩体渗流场与应力场耦合的数值模型，并对其进行了算例分析。研究结果表明：渗流场和应力场在一定条件下相互影响很大，不考虑耦合的结果是偏于不安全的（图1.16、图1.17）。

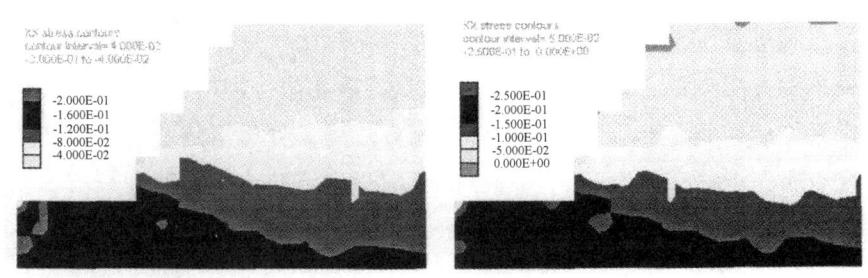

图 1.16 非耦合应力场和耦合应力场（UDEC）[29]

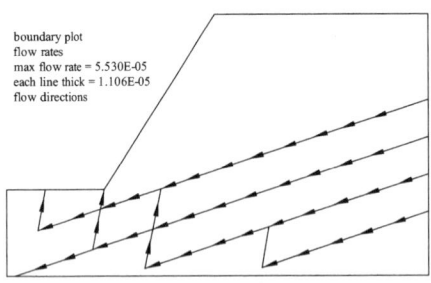 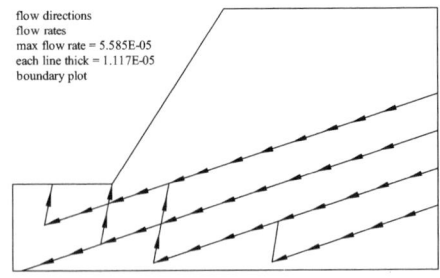

图 1.17 岩非耦合渗流场和耦合渗流场（UDEC）[29]

张志强[30]通过 UDEC 离散元程序，研究了节理岩体隧道失稳模式及量化的稳定性判定指标，探讨了细观结构机制和宏观力学行为关系。结果表明：结构面极大地削弱了岩体力学性质及其稳定性，结构面变形与强度性质对于隧道稳定性起着关键控制性作用；节理岩体隧道扰动区可划分为脱落区、张开区和剪切滑移区，其中脱落区表征围岩失稳模式，张开区围岩处于脱落临界状态，即塌方潜在区域；剪切滑移区是诱发围岩发生渐进性破坏的主因，提出将剪切滑移区作为节理岩体隧道稳定性判定指标具有严格力学依据，可以定量化评价围岩稳定程度。

熊子正[31]应用 3DEC 离散单元法模拟柱状节理岩体应力渗流耦合，分析了柱状节理岩体模型耦合算法与非耦合算法计算结果的差异及耦合算法下柱状节理孔应力与流量的变化。研究发现采用耦合算法所得最大应力与位移均大于非耦合算法，在耦合算法下，裂隙渗流产生的渗流力改变了应力场的分布，而应力场的变化使得裂隙岩体的渗透系数发生变化，从而导致岩体渗流场的重新分布。

高峰等[32]以子尹隧道塌方事故为工程背景，采用 UDEC 法对该隧道塌方过程进行了模拟，通过与实际塌方情况对比，验证了 UDEC 离散元法模拟隧道塌方的正确性，并通过 UDEC 离散元法分别模拟了不同埋深、不同岩体结构和不同围岩级别的隧道塌方过程，分析了隧道塌方特征。研究表明：埋深主要影响拱顶塌方的范围；岩体结构（如节理裂隙）较大程度地影响塌方的形式；围岩参数同时影响塌方范围和塌方形式。

（3）Modflow 渗流法。

贾金生等[33]应用 Visual Modflow 软件，进行了地下水污染数值模拟，

1 绪 论

通过将计算观测孔所在单元的水头和实测的水头进行对比，从而反求有关的水文地质参数，进而模拟了河北省栾城县的地下水流情况，并指出 Visual Modflow 数值模拟方法在实际地下水环境影响评价中具有较高的科学性和可操作性。

廖晓超[34]应用 Visual Modflow 软件建立了研究区岩溶水系统的地下水三维渗流场模型，从隧道开挖未揭露暗河、揭露暗河、地下水恢复三个阶段进行了分析。研究结果表明：在未揭露暗河下施工一年，隧道附近地下水位最大降深约 25 m，影响范围约 1.1 km；揭露暗河时，地下水位最大降深约 70 m，影响范围约 4.6km；封堵两年后，地下水位恢复至与天然状态基本相同，如图 1.18 所示。

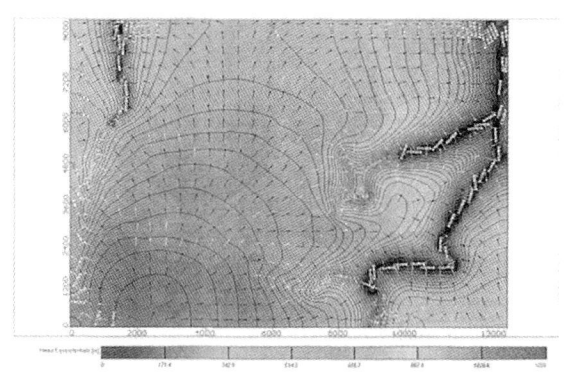

（a）未揭露暗河工况下半年渗流场

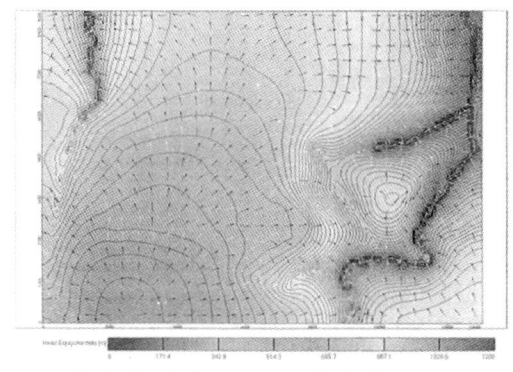

（b）揭露暗河工况下半年渗流场

图 1.18　未揭露暗河和揭露暗河半年渗流场分布[34]

陈英姿[35]采用 Visual Modflow 软件建立以灰岩、砂岩为主的隧址区地下水渗流三维数值计算模型模拟了天然状态、隧道开挖后完全排水条件下地下水渗流、隧道开挖后完全排水条件下涌水量模拟预测以及隧道完全封堵条件下的地下水渗流场恢复情况。

毛邦燕[36]通过对区内复杂岩溶介质的空间结构、模型的时间离散以及模型边界条件的研究，最后建立了符合实际情况的三维地下水流模型并利用有限差分数值模拟方法，利用 Modflow 程序成功地实现了煤田区未来在开采状况下各矿井下涌水量的模拟，得到了煤田区各矿井不同时间段、不同开采水平的井下涌水量值（图1.19）。

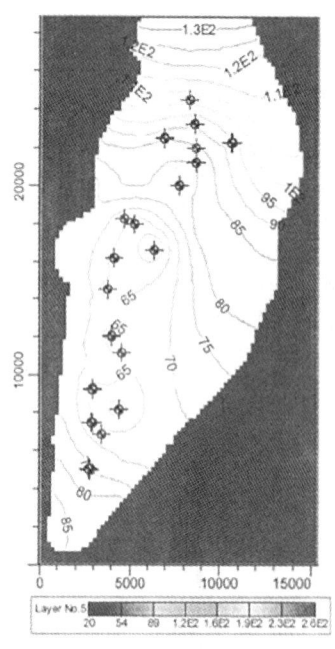 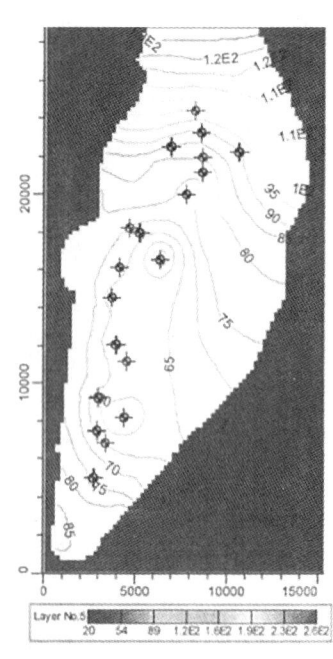

（a）开采状态下2030年流场　　　（b）开采状态下2040年流场

图 1.19　开采状态下渗流场预测[36]

唐起[37]利用 Modflow 软件对龙门山隧道进行涌水量计算，计算结果表明岩溶地区涌突水灾害的发生具有随机性，大多数岩溶隧道的涌突水主要发生在隧道揭穿的溶隙、溶孔、溶洞位置。

1 绪 论

王国斌[38]采用 Visual Modflow 三维渗流模拟和常规经验公式对乌池坝隧道涌水量进行预测，并对其结果进行对比分析，确保了预测结果的可靠性。又通过 FLAC^{3D} 数值模拟结合正交试验方案，对上覆型、下伏型及侧伏型岩溶隧道与溶洞间的安全距离进行分析，得到了围岩级别、岩体侧压力系数、溶洞跨度、溶洞高跨比和隧道埋深 5 个影响因素对安全距离的影响程度和影响规律（图 1.20）。

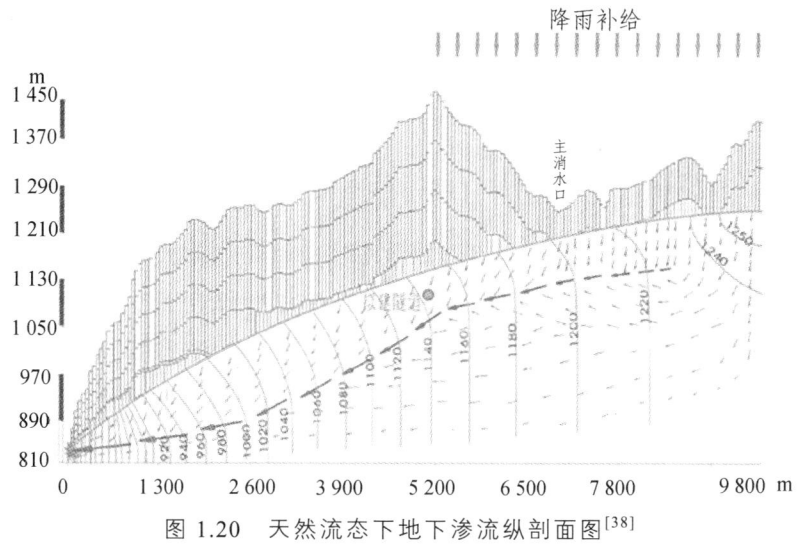

图 1.20　天然流态下地下渗流纵剖面图[38]

1.2.3　岩溶突水防治方法研究现状

1.2.3.1　岩溶突水预测与监测理论研究

早在 20 世纪初国外就率先开展了突水预测的研究工作。我国在 20 世纪中期才引入苏联的斯列萨烈夫理论进行煤矿突水预测，起步相对较晚。随着我国煤矿突水灾害事故的日益严重，20 世纪 60 年代我国学者在总结大量突水案例的基础上，提出了"突水系数"的概念，并推广到煤矿应用。20 世纪 70 年代，煤科总院西安分院对突水系数公式进行了进一步完善，将矿压对底板的破坏作用考虑进去[39]。随着非线性科学的迅速发展，20世纪80年代，突水预测与监测研究领域迎来了崭新的一页，包括统计学、神经网络、模糊数学以及GIS技术等在内的先进理论得到广泛应用[40-44]。80年代中后期，中国矿业大学在国内率先开展了基于GIS和多源信息复合叠加处理方法的矿井突水评价与预测研究，随后武强在此基础上发展了三图-双预测法等方法[45]。目前应用较多的突水预测方法主要包括条件分析法和模型拟合法两种，前者侧重于定性分析，依据水文地质条件分析突水的可能性，后者则在不同程度上具有定量的特点，可预测整个区域存在的突水点。在突水水源识别与判别中，多元统计分析方法、模糊聚类分析方法、灰色系统理论等已应用至工程实践，并取得了良好的效果。

1.2.3.2 岩溶突水探测与治理方法研究

岩溶突水防治研究最早起始于煤矿行业，国外很早就对煤矿超前探测技术开展了大量研究，诸如美国斯坦福大学等广泛利用地理信息系统进行矿井突水的诊断和预测。近年来，国外研制开发了大量应用于煤矿、隧道等地下工程的物化探测仪器设备，如美国、瑞士等国家研究和开发的TSP、地质雷达等探测技术和设备，匈牙利等国研究和开发的脉冲干扰试验和钻孔试验技术，澳大利亚研究和开发的单孔多含水层综合水文地质参数测试技术，等等，在很大程度上促进了突水防治技术的发展[46-50]。

目前，国内主要应用物探、化探技术，如槽波地震、地质雷达、井下电法以及连通性试验、同位素测试等方法发现"地质异常体"，辨别地下水通道和水源性质。对岩溶水的识别则主要依靠抗地干扰的瞬变电磁仪、三维高分辨率地震勘探仪、综合物探和超前钻探法等综合方法进行探测，并取得了不错的效果。在隧道地质超前探测方面，我国的相关研究具有鲜明的特色[51-54]。国内从20世纪50年代开始，先后采用超前地质导坑、水平钻探等方法进行地质预报，但存在预报距离短、操作不便等问题。

20世纪80年代初，我国首先提出用物探手段对隧道进行超前预报，并在大瑶山隧道首次开展试验。近些年来，许多大专院校、科研院所和工程单位应用 TSP202、TSP203、地质雷达和陆地声呐等设备结合工程地质法对国内的圆梁山隧道、齐岳山隧道、乌池坝隧道、龙潭隧道以及宜万铁路等多处隧道进行了超前预报工作,以此来分析突水通道的存在形式和潜在风险。对岩体含水情况的探测则主要采用水文地质法、地质雷达技术和瞬变电磁法等等。其中,水文地质法从地质角度分析研究岩溶地下水的储水、径流通道,认为向斜盆地、背斜轴部、断层破碎带、地层不整合面以及已发育岩溶管道等地质条件下易涌水[55]。地质雷达对水比较敏感,是目前预报隧道掌子面前方水体的较好办法,但其探查距离短(<30m),数据处理和资料解释难点较多,且容易受隧道内金属物的干扰而影响探测精度[56]。红外线技术是一种辅助探水方法,可探测 15 m 范围内的含水体,但由于掌子面温度的干扰因素太多,探测效果不甚理想。瞬变电磁法是远距离探水的有效手段,适用在狭小的掌子面上探测前方 40~60 m 范围,但该方法目前处于试验研究阶段,在理论实践、技术方法以及资料处理软件等方面还需进一步的完善[57]。激发激化法是探测富水区的有效工具,多用于地面探水,应用到地下则难以确定三维空间水体的确切位置,并且岩溶地区隧道自然电场很难稳定下来,甚至会出现一些周期性变化的自然电场,给预报精度带来一些误差。此外,还有电磁成像法、高速钻孔法等。但由于岩溶发育的复杂性,近年来综合探测法逐渐成为一种趋势,即根据隧道水文地质环境、地形地貌特征和岩溶发育特征等因素而采取多种方法结合对隧道施工前方水体进行探测的方法,在应用上讲究因地制宜、详尽地做好地质工作,避免多种物探手段的盲目叠加和交叉使用。

1.2.4 隧道涌水防灾安全距离研究现状

目前,对于岩溶地区隧道与溶洞之间安全距离的研究,主要研究方法有定性分析、半定量分析和定量计算[58,59],但针对岩溶突涌水防灾安全距离的研究并不多见。通过定性分析可以得到临界距离与各影响因素之间的规律性结论,从而为半定量计算和定量计算提供理论依据;然而,定性分析本身并不能指导工程实践；半定量计算将复杂围岩应力应变条件简化为简单力学模型，使用方便，可以为实际工程施工提供参考依据。

实际上，岩溶裂隙水突涌是水-岩长期相互作用，并在施工外力干扰下引发岩体发生破裂突水的一种动力现象。岩溶裂隙水高水头压力主作用面与隧道突水临空面岩体包括三部分过渡区，即施工开挖引起的松弛厚度区、安全厚度区和裂隙带区。已有研究结果大多侧重于岩溶水对裂隙岩体的劈裂作用[60]，而忽视了突水前后水岩相互作用机制。基于前述三部分过渡区考虑，李利平等推导了隧道最小岩石保护厚度半解析解表达[60]，并通过实例进行了验证。

岩溶突水有 4 种常见机理，包括止水岩柱受拉破坏、裂隙面受剪破坏、裂隙水力扩张、关键岩块失稳。曹茜[61]利用 UDEC 软件考虑了岩溶水在岩体内节理中的渗流和劈裂作用，但没考虑裂隙水力扩张。模拟结果表明：溶腔内水压力对围岩同时起到支撑作用与渗流劈裂作用。当水压相对较小时，支撑作用为主导；而水压相对较大时，则渗流与劈裂作用为主导。当水压力起到不同主导作用时，围岩失稳机理也不同。此外，随着隧道埋深增大，水压力支撑作用逐渐减小；随着结构面强度增加，水压力渗流劈裂引起涌突水灾害不断减小。郭佳奇等[62]针对常见中、小尺度侧部高压富水溶腔，在综合考虑安全厚度影响因素前提下，以隧道周围塑性区和溶洞周围高渗透带贯通与否作为中间岩柱稳定判断标准为基础，建立了中间岩柱安全厚度力学预测模型。

刘招伟等[63]将各类岩溶对隧道工程的安全威胁抽象为岩溶水压力荷载，根据水压力作用在隧道工程不同部位的情况，完成了板柱型突水、拱梁型突水和岩梁型突水三种突水类型力学分析。但是，简单力学分析往往不能反映岩柱渐进破坏变化过程，不能反映出岩溶突水过程中围岩应力场、变形场、破坏场和渗流场相互耦合作用过程，也不能揭示出围岩垮塌或者岩溶突水灾变关键部位。

基于数值模拟定量计算作为半定量计算的补充和完善，可以弥补上述缺陷。针对隧道掌子面发生破断突水突变特征，孙谋和刘维宁[64]采用数值模拟技术方法，建立了掌子面失稳折叠突变模型，通过对系统势能函数进行分析，推导了隧道掌子面发生破断突水条件和最小安全厚度计算公式。然而，现有数值模拟计算存在很多亟待改进的地方，例如数值模拟计算按照连续介质力学方法进行计算与分析，而不考虑岩体结构特征以及节理裂隙等不连续面。实际上，大部分岩溶地层中石灰岩都具有明显的层理构造特征，而且往往还存在一组与层理近乎正交的节理。凡是发生严重突水、突泥地质灾害的隧道，大部分都处于褶皱、断层等构造带附近。因此，针对溶洞隧道安全距离计算不能忽视各种节理岩体特性的影响。

1.2.5 岩溶对隧道稳定性影响研究现状

稳定性评价研究是在岩溶区修建隧道的重大技术难题之一。对于岩溶隧道来说，溶洞的尺寸、溶洞和隧道间的相对距离，以及由于岩溶的发育，破坏了岩体的完整性，降低了岩石强度，同时为地下水的流动以及进一步溶蚀创造了条件，对隧道的稳定性构成了极大的危害。许多学者、专家研究溶洞尺寸（注：为研究方便，将溶洞简化为球形，其半径为 r）、溶洞距隧道距离（L）及就溶洞空间分布对隧道稳定性的影响进行了定量分析，并取得了大量成就。

美国学者 Ralphj. Hodek、Thomas M. Tharp，俄罗斯学者 A.V.Anikeev 及英国诺丁汉大学 Lu ZhengXin 教授分别采用了物理相似模拟试验、数值模拟试验（包括有限元法和有限差分方法）研究了荷载、溶洞尺寸及顶板安全厚度间的内在联系[65-68]。

国内的一些专家、学者在这方面也做了不少研究，取得了丰硕的成果。

（1）侧部岩溶稳定性研究：谭代明等[69]利用 FLAC^{3D} 软件研究了岩溶位于隧道正侧部的情况下，在溶洞距隧道距离（L）不变时，溶洞尺寸（r）的变化对隧道稳定性的影响，忠垫高速公路隧道计算模型如图 1.21（a）所示；赵明阶等[70]研究了岩溶位于隧道侧部不同空间方位时，不同的溶洞尺寸（r）、溶洞距隧道距离（L）组合的情况下隧道的位移及稳定性变化情况；宋战平等[71]以数值试验为手段，研究了溶洞的存在与隧道位移释放的关系。

(a)忠垫高速公路隧道计算模型[69]

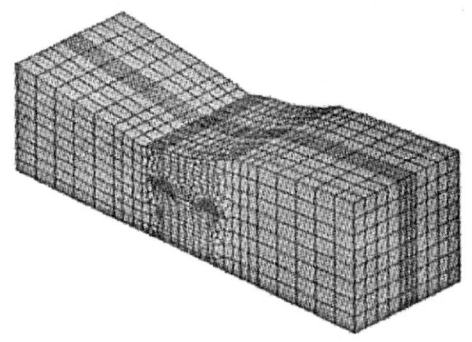

(b)夏家庙隧道计算模型[74]

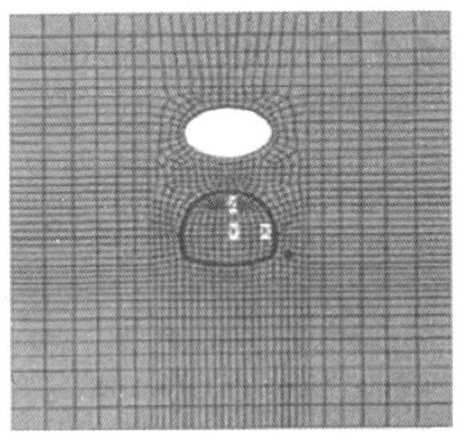

(c)宜(昌)万(州)铁路某岩溶隧道计算模型[78]

图1.21 隧道数值模拟计算模型

（2）顶部岩溶隧道稳定性研究：宋战平等[72]利用数值模拟方法研究了隧道稳定性及变形与溶洞尺寸（r），溶洞距隧道距离（L）间的相关关系；谭志宏等[73]利用 RFPA-Slope 软件研究了隧道稳定性与溶洞尺寸（r）、溶洞距隧道距离（L）的关系，指出在溶洞尺寸（r）和溶洞距隧道距离（L）一定的情况下，分别存在一个最危险距离；史世雍等[74]以 ANSYS 软件为手段，研究了溶洞尺寸（r）和溶洞距隧道距离（L）对隧道稳定性的影响，并和实测数据进行了比较，夏家庙隧道计算模型如图 1.21(b)所示；赵明阶等[75]利用相关设备进行物理模拟实验，研究了在溶洞尺寸（r）一定的情况下，隧道稳定性与溶洞距隧道距离（L）的关系，指出开挖后总位移、瞬间位移以及流变位移均随溶洞距隧道距离（L）的增加而减小；赵明阶等[76]利用二维的弹塑性模型，研究了隧道稳定性及位移释放量与溶洞尺寸（r）、溶洞距隧道距离（L）间的相关关系；黎斌等[77]利用有限元方法，研究了溶洞尺寸（r）、溶洞距隧道距离（L）与桩设计荷载间的关系。

（3）底部岩溶隧道稳定性研究：蒋颖[78]利用 FLAC^{3D} 软件，定量研究了溶洞在不同空间位置下围岩的破坏机理，并以宜（昌）万（州）铁路工程为例，得出侧部岩溶对隧道围岩的稳定性最为不利的结论，宜万铁路某岩溶隧道计算模型如图 1.21（c）所示；赵明阶等[79]在弹塑性条件下，用数值模拟试验研究了溶洞空间分布对隧道的影响。

1.3 本书主要研究内容

本书针对郑万铁路重庆段沿线存在岩溶不良地质非常发育的特点，以代表性控制工程小三峡隧道为研究对象，采用离散元数值模拟方法，对岩溶隧道突水机理和防治措施展开了研究。本书主要研究内容如下：

1.3.1 小三峡隧道围岩岩体结构概化模型研究

根据小三峡隧道隧址区地层岩性和地质构造特征、水文地质特征及岩溶分布情况，考虑隧址区控制性节理组、岩溶分布情况，采用有限元方法建立小三峡隧道三维岩体结构概化模型，为后续分析岩溶隧道突水机理奠定基础。

1.3.2　小三峡岩溶隧道围岩岩体水力模型研究

在建立小三峡隧道三维岩体结构概化模型的基础上，根据小三峡隧道隧址区的水文地质条件，建立隧道围岩岩体水力模型，分析岩溶隧道围岩在存在空溶洞、充水溶洞和地下水渗流等情况下的位移、应力和渗流场规律，为岩溶隧道突水预测和评价奠定理论基础。

1.3.3　小三峡岩溶隧道突水评价判据及防突层计算研究

在分析渗流对隧道围岩稳定性影响的基础上，建立考虑渗流影响的岩溶隧道围岩失稳突水的力学判据，并根据小三峡隧道的围岩结构特点和岩溶情况，对预防突水灾害的防突层最小安全厚度进行计算，为岩溶隧道安全施工提供技术支撑。

1.3.4　小三峡岩溶隧道突水灾害注浆防治措施研究

在对小三峡隧道岩溶突水进行力学机理分析的基础上，根据小三峡隧道隧址区前期工程地质勘查资料，确定隧道施工影响范围内大型岩溶和导水裂隙的分布情况，然后在此基础上研究小三峡隧道突水注浆防治措施，研究成果可为小三峡隧道施工中的岩溶突水灾害提供技术指导，同时也可为郑万铁路重庆段其他岩溶隧道施工提供借鉴。

2 工程概况

2.1 工程项目自然特征

新建郑（州）万（州）铁路重庆段正线全长 183.865 km，桥隧比达 98.1%。沿线自湖北巴东县引入，经巫山、奉节、云阳，最后至万州，如图 2.1 所示。线路由湖北巴东经香树湾隧道进入重庆境内，在巫山县琵琶州设巫山站，跨越大宁河、梅溪河，在奉节朱衣镇设奉节站，跨越汤溪河至云阳县黄石镇设云阳站，跨越彭溪河，至万州天城与在建重庆至万州铁路贯通，形成郑州至重庆通道。

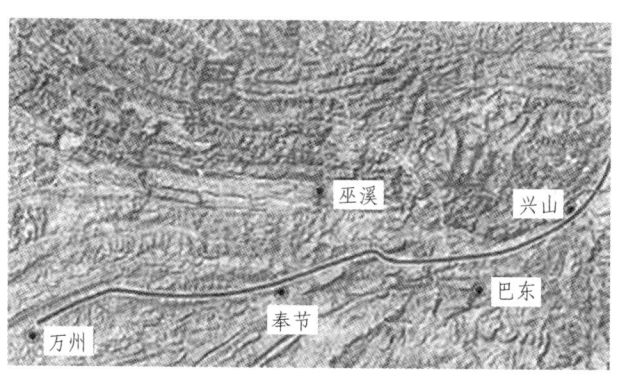

图 2.1 郑万铁路重庆段地形地貌图

2.1.1 地形地貌

郑万铁路重庆段属构造剥蚀、侵蚀低中山区，穿越巫山、齐岳山等山脉，跨越大宁河、梅溪河、汤溪河、彭溪河等长江支流，受长江及支流的强烈侵蚀切割，奇峰异岭遍布，层峦叠嶂，山高谷深、峡谷众多。

2.1.2 地质特征

（1）地层岩性。

区域上地层发育较为完整，前震旦系至第四系地层均有分布。以前震旦系、震旦系、寒武系、奥陶系、志留系地层为主，四川盆地分区地层以侏罗系、三叠系地层为主。全线全新统松散层主要分布于丘间沟槽中，斜坡地带零星覆盖少量坡、残积层，在部分陡崖下堆积崩、坡积体和滑坡堆积体。

（2）地质构造。

区内构造运动频繁、强烈，构造规模巨大，多具造山运动性质。对线路有影响的褶皱构造发育，主要褶皱构造包括巫山向斜、齐岳山背斜、铁峰山背斜。

（3）不良地质。

沿线不良地质主要有岩溶、滑坡、岩堆、危岩落石，错落、顺层及顺层偏压、采空区、软土等不良地质和特殊岩土极其发育，滑坡、岩堆、危岩落石、顺层为控制线路方案走向和方案设置的主要不良地质。

① 岩溶和岩溶水：齐岳山背斜段地层走向多呈北东向及近东西向，与主要构造线及山脉延伸大体一致。地表岩溶形态有溶沟、溶蚀裂隙、石芽、落水洞、溶蚀漏斗、溶蚀洼地、岩溶槽谷、岩溶峡谷，地下岩溶形态有地下暗河、溶洞等。

② 滑坡：区内滑坡主要为堆积层滑坡和破碎岩体滑坡。沿线主要有桂花坪滑坡、朱家岩隧道进口滑坡和云阳车站滑坡。

③ 岩堆：沿线沟谷与山岭发育，地形切割较强烈，山高谷深陡崖多，在陡崖下缓坡地带多分布有岩堆。岩堆主要分布有草堂隧道出口岩堆、干溪沟隧道进口岩堆和黄石隧道出口岩堆。

④ 危岩落石：巫山至万州主要为中低山区侏罗系"红层"厚层砂岩

地段，厚层砂岩多出露于地势较高、坡度较陡处，节理裂隙较发育，在差异性风化作用下，下部泥岩风化凹进形成岩腔，上部砂岩受构造裂隙和卸荷裂隙切割后，使完整的岩石形成宽大的裂缝，有的已崩落，有的摇摇欲坠。

⑤ 顺层及顺层偏压：岩层走向与线路夹角小于45°时，岩层真倾角大于 16°的路堑地段考虑顺层线路通过顺层地段，特别是软质岩，易风化剥落，层间遇水易软化，对边坡稳定性影响较大。

隧道顺层遇软质岩时，对围岩基本分级为Ⅲ级及Ⅲ级以上，岩层走向与线路中线交角 $α<30°$，岩层层面在洞身横断面上的视倾角（$β_{试}$）在 15°～65°，隧道存在顺层偏压。

⑥ 采空区、煤层瓦斯、天然气：红旗煤矿位于奉节隧道的南侧，未与隧道相交，采矿权范围最近点与隧道洞身点最近距离为 388 m，奉节隧道 DK728+750～DK729+800 下穿兴旺煤矿采空区，线路对此煤矿资源不压覆，煤矿采空区对线路无影响。栖霞隧道 DK765+930～DK773+565 段右侧约 200 m 外为吉平煤矿，该矿已关停，采空区对隧道无影响。

（4）特殊岩土。

沿线主要特殊岩土有人工填土、软土及松软土。

① 人工填土：主要为既有高速公路隧道及挖方弃土，厚度 0～20 m 不等，欠压实，处于不稳定状态。

② 软土、松软土：沿线软土、松软土多分布在山间洼地和支沟的冲洪积阶地上，多分布于表层，厚度常一般在 3 m 以内，为粉质黏土长期被浸泡形成。

2.1.3 地震动参数

据《中国地震动参数区划图》（GB 18306—2001）及中国地震局地壳应力研究所《新建郑州至万州铁路工程场地地震安全性评价报告》（2015 年 6 月），沿线地震动峰值加速度为 0.05g（Ⅵ度地震区），地震动反应谱特征周期为 0.35 s。

2.1.4 气象特征

全段属暖温带亚湿润季风气候，万州属亚热带季风湿润气候区。

巫山、奉节县属于中亚热带湿润季风气候区，无霜期长，雨量充沛，日照时间长。海拔高度变化很大，受地形地貌影响，垂直变化较为明显，形成了典型的立体气候。

云阳县地处亚热带季风气候区，日照充足，夏季炎热，冬季暖和，多伏旱多秋雨，立体气候特征显著，日照时数较长，光能、风能资源比较充足，气温随海拔高度不同而变化。

万州区境内属亚热带季风湿润带，气候四季分明，日照充足，雨量充沛，天气温和，无霜期长，霜雪稀少。

2.1.5 河流水文

全段属暖温带亚湿润季风气候，万州属亚热带季风湿润气候区。

沿线跨越长江流域中下游一级和二级支干流。跨越的主要河流有大宁河、草堂河、梅溪河、朱衣河、汤溪河、彭溪河等，这些河属常年性河流。此外，区内尚有一些小的支流、干渠及其配套的人工沟渠，水网密布，纵横交错，构成了区内发达的地表水系。夏季6—8月份雨量丰沛，河流丰水期的水位高、流量大。

沿线地下水主要有第四系孔隙水、基岩裂隙水及岩溶水三类。

第四系孔隙水：主要赋存于第四系松散层中，主要由大气降水补给，水量随季节变化，埋深不等，局部有小泉或湿地分布。

基岩裂隙水：主要赋存于碎屑岩的节理裂隙及构造破碎带中，其富水性受区域构造形态、基岩节理裂隙发育程度及完整性控制，主要受大气降雨补给。

岩溶水：主要发育于碳酸盐岩地段，水量较丰富，分布不均匀，受岩溶发育形态及程度控制，接受大气降雨补给。其中三叠系下统、二叠系下统灰岩岩溶及岩溶水强烈发育，发育较多暗河、伏流、井泉（群）

等。寒武系灰岩段因断裂、褶皱构造密集发育，岩溶及岩溶水中等发育，局部强烈发育，区内暗河基本发育于断层、背向斜核部、可溶岩与非可溶岩接触带附近，顺构造线东西向展布。

含煤、磷及石膏地层的地下水对混凝土具硫酸盐侵蚀性。

2.2 项目工程特点

郑万铁路重庆段的工程特点如下：

（1）沿线地形地貌复杂多变。桥隧总长 182.382 km，桥隧比例高达 98.1%。其中：特大桥 8 座，最长的巴阳双线特大桥长 920 m；10 km 以上隧道 4 座，最长的小三峡隧道长 18 954 m。这些都将成为控制这个项目工期的重点。

（2）工程地质复杂。深大活动断裂、岩溶、滑坡、错落、危岩落石、崩塌、岩堆、顺层、泥石流、水库坍岸、煤层瓦斯及采空区、高地温及软土、松软土、膨胀土、人工填土、盐岩等不良地质和特殊岩土极其发育，重庆境内通过可溶岩地段长度为 21.484 km，线路比重为 11.68%。

（3）修建便道困难。坡陡弯急，加宽困难大，行车危险性高，成为限制开挖出渣、材料运输的重要因素，也是影响工程进度的制约因素之一。

（4）技术标准高。对路桥隧基础设施的强度、刚度、耐久性、稳定性要求严格。

（5）沿线涉及多处自然保护区、风景名胜区、基本农田保护区、水源保护区、文物古迹、国家重点保护的野生动植物区。

具体到郑万铁路重庆段隧道工程，全线隧道共计 27.5 座，全长 169.729 km（香树湾隧道重庆段 7 219.5 m），占正线 92.31%。其中：长度 $L \leqslant 1$ km 的隧道 4 座，共计 2.424 km；1 km $< L \leqslant 2$ km 的隧道 2 座，共计 3.062 km；2 km $< L \leqslant 3$ km 的隧道 4 座，共计 10.199 km；3 km $< L \leqslant 4$ km 的隧道 2 座，共计 7.861 km；4 km $< L \leqslant 5$ km 的隧道 2 座，共计 9.084 km；5 km $< L \leqslant 10$ km 的隧道 9.5 座，共计 71.013 km；$L > 10$ km 的

隧道 4 座，共计 60.880 km。重庆段全线最长隧道为小三峡隧道，全长 18.954 km。隧道工程的主要特点如下：

（1）奉节、巫山境内隧道洞口地形陡峭，洞口远离地方道路，施工便道长、修建困难，隧道洞口顺层偏压，岩堆、围岩落石发育，多处邻近民房等既有构筑物。

（2）隧道洞身 9 处下穿、2 处上跨既有高速公路，3 处下穿既有省道和乡村公路，多处下穿水库、民房，部分段落隧道埋深小，施工干扰大，安全风险大。

（3）不良地质隧道 14 座，其中小三峡隧道岩溶发育长达 7.3 km，隧址区发育齐岳山背斜、巴务河向斜、七里堰背斜等不良地质构造。

（4）隧道风险因素多，因新构造运动强烈，地震活动频繁，地层岩性纷杂，地形起伏大，地质条件极为复杂。存在塌方、洞顶掉块、涌水、突泥突水、软岩变形、危岩落石、工期等风险，安全管理压力重、施工风险大。

（5）小三峡隧道、巫山隧道洞身长，地形地质条件复杂，施工难度较大，其中巫山隧道关键线路正洞长 9 km，独头掘进 7 km（含辅助坑道 2.2 km），通风、出渣、排水为施工瓶颈。

（6）沿线地形起伏较大、洞口场地狭小，施工场地布置困难，个别隧道弃渣困难、运距远。

（7）奉节隧道、栖霞隧道邻近采空区，下伏煤系地层中瓦斯可能由砂岩裂隙中上升，局部赋存瓦斯气囊，需按低瓦斯隧道管理。

综合以上分析，郑万铁路重庆段穿越云阳、奉节、巫山三处岩溶发育地区，溶洞、暗河、落水洞、漏斗、岩溶洼地、溶蚀槽谷等岩溶现象普遍发育，岩溶富水区的突泥突水问题对铁路隧道建设影响极大，施工措施采取不当可能造成人身伤亡、地表塌陷、水资源损失、地下水污染等工程灾害，因此岩溶隧道突水机理及防治措施研究是郑万铁路重庆段建设过程中亟待解决的关键科学问题。

由于小三峡隧道是全线最长隧道，而且地质条件最为复杂，岩溶非常发育,是郑万铁路重庆段的关键控制工程,故本书拟以小三峡隧道为依托工程,开展岩溶隧道突水机理和防治措施的研究,研究成果可为郑万铁路重庆段全线岩溶隧道施工提供技术支撑和理论指导。

2.3 小三峡隧道工程地质和水文地质条件

小三峡隧道位于重庆市奉节与巫山交界位置,地处长江以北,隧址区属剥蚀、溶蚀低山地貌,自然横坡较陡,地形以斜坡为主,局部出露陡坎。隧道区域村庄零星分布,隧道进口位于大宁河右岸斜坡地带,无公路相通,交通不便;隧道出口有村道与 S103 相通,其交通较方便;洞身段线路区在巫山县龙务坝以西"村村通"已基本完成,交通较方便,龙务坝以东现居住人员稀少,植被较茂密,仅局部有村村道通过,其交通条件较差。隧道工程地质纵断面如图 2.2 所示。

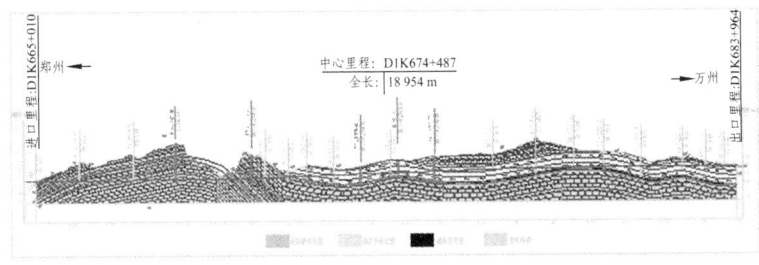

图 2.2 小三峡隧道工程地质纵断面

2.3.1 地层岩性

小三峡隧道总长 18 954 m,最大埋深 890 m。隧址区内局部上覆第四系全新统(Q_4)地层,基岩大多裸露,出露地层有中统巴东组 1~4 段(T_2b^{1-4})、下统嘉陵江组 1~4 段(T_1j^{1-4})、下统大冶组 1~4 段(T_1d^{1-4})地层。各地层岩性分别如下:

（1）第四系全新统（Q_4）。

第四系全新统土层主要由人工堆积层、坡残积层、崩坡积层、冲洪积层等成因类型的块、碎石土、角砾土、漂石土、圆砾土、砂土及粉质黏土等组成，其中：

① 人工堆积层（Q_4^{ml}）主要分布于集居区、中硐桥水库坝址区、隧道进口带采石场和局部乡村道路施工沿线，为工程施工弃渣或石灰石矿渣堆积、生活垃圾堆积，分布面积小，厚度一般为 2~8 m。

② 坡残积层（Q_4^{dl+el}）的砂黏土、粉质黏土等主要分布在缓坡平台一带，覆盖较广，厚度不大，一般为 0~2 m，局部可达 1~4 m。

③ 崩坡积层（Q_4^{dl+col}）以块、碎石为主，分布于斜坡坡麓或陡坡、陡崖坡脚一带，成分以灰岩、泥灰岩等块、碎石为主，一般厚度为 5~20 m，局部可达 40 m。

④ 冲洪积层（Q_4^{al+pl}）主要集中分布于白家沟、石马河、中硐河溪沟及大宁河河床沿线，部分溪沟支流沿线有零星分布，以块、漂石以及卵、砾石为主，成分为灰岩、泥灰岩等，厚度一般为 3~10 m。

⑤ 漂石土（Q_4^{al+pl}）：灰色、灰白色，结构松散—稍密，潮湿—饱和，石质成分主要为灰岩、白云岩及泥灰岩类，漂石块径大小一般 20~200 cm，占 60%，卵石大小为 6~20 cm，占 25%，其余为粗圆砾及砂类土充填。磨圆度较好，厚度一般为 2~8 m。

（2）三叠系中统巴东组 T_2b。

该组地层主要分布在中硐河以西，为隧道主要揭露地层之一，总厚度为 1 014 m，岩性以泥岩、泥灰岩及灰岩为主。

① 泥岩、砂岩夹泥灰岩、白云岩（T_2b^4）：主要为紫红色中厚—厚层砂质泥岩，夹同色钙质泥岩，局部夹薄层泥灰岩、灰岩，厚 19~157 m。强风化带一般厚 2~6 m。

② 泥质灰岩夹灰岩、页岩（T_2b^3）：主要为灰、浅灰色薄—中厚层泥质灰岩，夹钙质页岩及白云质灰岩，局部具波痕构造，厚 292~372 m，底部夹有一 30 m 的白云质灰岩或灰岩，为该层段主要的岩溶发育段，岩溶一般发育，局部有小型溶洞或岩溶泉，洞泾一般为 0.5~1.3 m，多

2 工程概况

无充填，主要分布在可溶岩底部。

③ 泥岩夹砂岩（T_2b^2）：主要为紫红色泥岩，夹同色薄—中厚层石英粉砂岩，局部夹泥灰岩透镜体，底部普遍夹硬石膏及含铜砂岩透镜体，厚 200~296 m。强风化带一般厚 3~5 m。

④ 泥灰岩、白云岩夹泥岩（T_2b^1）：该组地层上部为灰、深灰色泥灰岩，下部为灰、深色薄层状泥灰岩夹薄层泥岩、白云岩，可见 0~0.9 m 玻屑凝灰岩或水云母页岩，底部含硬石膏，其强风化带一般厚 4~8 m。

（3）三叠系下统 T_1。

① 嘉陵江组（T_1j）：该组地层主要为灰岩、白云质灰岩，角砾状灰岩不发育，根据岩性差异可划分为 4 段，但是各岩性段无明显分层标志，总厚 533~1 041 m，地表岩溶中等发育，地表形态以溶沟、漏斗、落水洞及溶蚀槽谷为主。根据岩性差异该层可以划分为白云夹岩溶角砾岩（T_1j^4），白云岩及白云质灰岩夹泥灰岩（T_1j^3），白云岩夹灰质白云岩、岩溶角砾岩（T_1j^2），白云岩及灰岩（T_1j^1）。

② 大冶组（T_1d）：该层分布于中部齐岳山背斜轴部一带，与上覆 T_1j 无明显分界标志，为滨海-浅海相碳酸盐地层，总厚 341~771 m，依其岩性特征可以分为 4 个岩性段，地表岩溶中等发育，地表形态以溶沟、漏斗、落水洞及溶蚀槽谷为主。根据岩性差异，该层可分为灰岩夹泥岩（T_1d^4）、灰岩夹页岩（T_1d^3）、泥灰岩灰岩夹页岩（T_1d^2）、泥灰岩灰岩夹泥岩（T_1d^1）等 4 个岩性段。

2.3.2 地质构造

小三峡隧道隧址区内主要发育有北北东向构造齐岳山背斜、巴务河向斜及其伴生的次级构造，如图 2.3 所示。

小三峡隧道位于齐岳山背斜北东段，该段背斜轴向 N55°-75°E，轴部由 T_1j 组成，局部段出露 T_1d 地层，两翼为 T_1j 和 T_2b；轴部倾角缓、翼部变陡，北西翼倾角由 15°增至 75°，南东翼由 12°增至 60°，轴面倾向南东，大宁河以东局部扭转倾向西；在大宁河，该背斜南东翼同巫山向斜之间为罗门峡背斜等次级褶皱。拟建线路与该背斜斜交于 DK670+750，岩层产状为 94~156°∠6~41°，岩体总体上较完整；西北翼岩层产状一般为 342~8°∠22~66°，局部直立，向轴部有变陡趋势，且局部可能隐伏有小型断裂现象，对岩体完整程度影响较大。

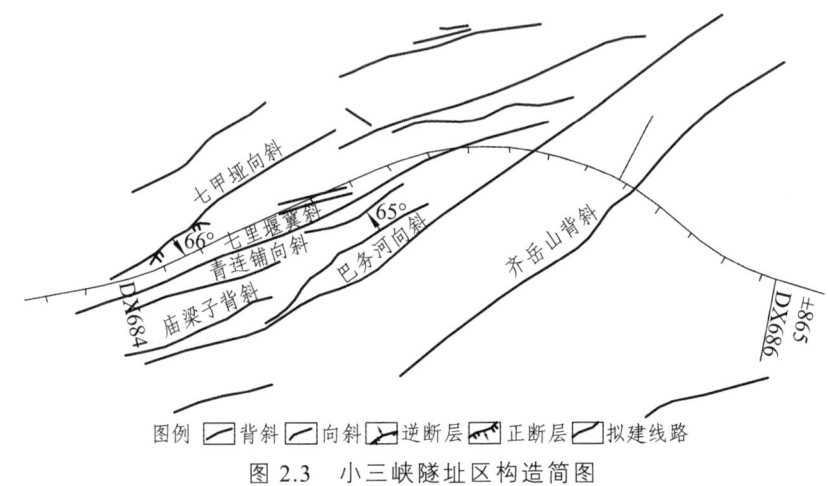

图 2.3 小三峡隧址区构造简图

巴务河向斜与齐岳山背斜相距 2~2.5 km，与拟建线路斜交于 D1K672+100，其北西翼受弧形构造影响强烈，次级褶皱极发育，岩层产状变化大，已发现发育有 2 条较大的断裂带，但未切割隧道，且局部还可能发育有隐伏的小型断裂带，对岩体完整程度影响较大。

隧址区节理裂隙发育，主要有以下几组：

① 隧道进口段：主要发育 2 组节理，J_1 产状 164°∠72~85°，裂面较平直，较光滑，多具溶蚀现象，多具水锈，延伸长度 2~5 m，裂隙密度一般为 3~5 条/m，开度 1~3 mm，部分由黏土半充填；J_2 产状 82°∠76~87°，局部反倾，裂面凹凸不平，较光滑，具溶蚀现象，多具水锈，延伸长度一般为 5~8 m，最长可达 15 m，裂隙密度 2~4 条/m，开度 <1 mm，部分由黏土半充填，结合一般。

② 隧道洞身段：巴务河向斜北西翼主要发育 2 组，J_1 产状 150°∠52°，裂面平直，较光滑，具水锈，延伸长度一般为 2~5 m，裂隙密度 3~5 条/m，开度 <1 mm，无充填，结合一般；J_2 产状 260°∠56°，裂面较平直，较

光滑，局部具水锈，延伸长度一般为 1~3 m，裂隙密度 3~5 条/m，开度 <1 mm，无充填，结合一般。巴务河向斜南东翼主要发育 3 组，J_1 产状 277°∠14°，裂面较平直，较光滑，具水锈，延伸长度 2~4 m，裂隙密度 3~5 条/m，开度 1~3 mm，局部泥质半充填，结合差；J_2 产状 38°∠78°，裂面凹凸不平，较光滑，具水锈，延伸长度 2~4 m，裂隙密度 3~5 条/m，开度 <1 mm，结合一般；J_3 产状 101°~122°∠68°~81°，裂面平直，较光滑，局部具水锈，延伸长度 4~7 m，裂隙密度 3~5 条/m，开度 1~3 mm，无充填，结合差。

隧道出口段：主要发育 2 组，J_1 产状 255°∠80°，裂面平直，较粗糙，局部具水锈，延伸长度 1~3 m，裂隙密度 3~5 条/m，开度 <1 mm，结合一般，无充填；J_2 产状 163°∠55°，裂面平直，较光滑，具水锈，延伸长度一般为 2~5 m，部分裂隙长达 20 m，裂隙密度 3~5 条/m，开度 <1 mm，结合一般，局部有少量泥质充填。

2.3.3 水文地质特征

2.3.3.1 地表水

小三峡隧道隧址区地表水体均为长江水系支流，最大的地表水体为隧道进口大宁河，其为长江一级支流，属山溪性河流，发源于大巴山南麓，由北向南，在巫峡西口注入长江，长约 250 km，流域面积 3 720 km^2，天然落差 1 540 m，流域内雨量充沛，多年平均流量 106 m^3/s，但变幅极大，每遇山洪暴发，流量高达 5 000 m^3/s，而冬季枯水期则只有几立方米每秒的流量。大宁河两岸峭壁摩天，悬崖千仞，河宽一般只有几十米。拟建隧道进口位于大宁河右岸斜地带，隧址区段处于大宁河下段，设计蓄水位标高 175 m，低于隧道洞口 97.93 m。

2.3.3.2 地下水

（1）地下水的赋存条件与分布规律。

隧址区内岩溶发育与岩溶水的分布受区域构造及地层岩性控制显

著，可溶性碳酸盐岩主要以条带状分布于 T_2b^3 和 T_1j、T_1d 地层中，T_2b^4、T_2b^1、T_2b^2 主要为外侧抗侵蚀能力强并有相对隔水作用的泥灰岩、泥岩，而构造的格局对岩溶发育的方向及强度和对岩溶水的运动方向影响极大，在一定程度上造就了区内地下水的排泄特征。

根据前期地质调查，隧址区内 T_2b^3 地层中岩溶水排泄点主要分布在横向切割的巴务河向斜及次级发育的褶皱轴部的溪沟地带，共计有 14 个，并在局部以泉群形式产出，分布标高多为 220~850 m，且流量较大，水量较为丰富；在 T_2b^2 接触带附近，调查泉点有 8 个，流量一般为 0.12~12 L/s，分布标高为 550~910 m；区内 T_1j、T_1d 地层岩溶发育程度不一，落水洞、暗河、泉点、岩溶槽谷等岩溶现象多发育在背斜核部或近核部可溶岩地层内，而 T_2b^1 以泥质灰岩、页岩为主，在地下水作用下，在接触带附近形成大量的岩溶管道，且暗河、泉点流量随高程的降低有增大的趋势，而主要暗河、溶洞等出口多分布于隧道进口，分布标高一般为 70~350 m。

综上所述，隧址区岩溶主要沿断层带、背斜轴部一带发育，并在可溶岩与非可溶岩接触部位岩溶发育相对集中。

（2）地下水类型及含水岩组的富水性。

隧址区地层主要由三叠系上统的须家河组—二叠系上统的吴家坪组的 4 个地层岩组和第四系松散堆积层组成。土层以块碎石类土、漂石类土和砂土等为主，基岩以泥岩、砂岩、灰岩、白云质灰岩、泥质灰岩和页岩等为主。根据岩性、地下水分布形式、水理性质和水动力学特征，区域内地下水类型可划分为松散堆积层孔隙水、碎屑岩类孔隙裂隙水和碳酸岩类岩溶水等三种类型。

① 松散堆积层孔隙水。

松散堆积层孔隙水主要分布在长江、大宁河等江河与溪沟的河床、阶地及漫滩的第四系全新统冲洪积层的漂卵石土、砾类土和砂土中，多以潜水形式存在，且直接接受河水补给，具有埋藏浅、补给源近、透水性强、富水性强、地下水丰富等特点。由于水位低于隧道设计标高，该类地下水对隧道无影响。

② 碎屑岩类孔隙裂隙水。

该类地下水主要赋存于须家河组、巴东组二段和四段的砂岩、粉砂岩中，主要接受大气降水补给，该类地下水主要赋存于节理裂隙、层间间隙和岩体孔隙中，受区域构造应力作用影响，区内岩体节理裂隙发育，地表多以风化节理裂隙为主，而深部则以构造节理裂隙为主，这些节理裂隙网络的发育为地下水赋存创造了一定条件。故岩层节理裂隙的发育程度对其富水性起控制作用。此外，由于区域内各地段受应力作用的程度不同，造就节理裂隙密集带分布不均匀，其相互之间的贯通性不同，致使其富水性不同，地下水分布不均一，水力联系较差。现场调查发现该类地下水多以散流形式进行排泄，流量一般为 0.015～0.72 L/s。

③ 碳酸岩类岩溶水。

区域内可溶岩主要为碳酸岩类岩体，以半裸露和裸露形式产出，岩性以灰岩、泥质灰岩、白云质灰岩为主，由三叠系中统巴东组三段（T_2b^3）、一段（T_2b^1），下统嘉陵江组（T_1j）和大冶组（T_1d）地层等组成，是区域内的相对含水层，对隧道影响显著。

由于受泥质岩类的夹持以及断层、褶皱的控制、岩体本身化学组成、岩层结构、构造等综合因素影响，该区域溶蚀现象发育。在地表以岩溶槽谷和溶蚀洼地、落水洞等垂直溶蚀地貌产出，在深部则以网络岩溶裂隙、岩溶管道以及巨大的溶蚀—侵蚀洞穴为主，地下水具有庞大复杂的运移赋存空间，径流复杂，常以岩溶大泉、暗河出露地表。

（3）地下水的补给、径流、排泄条件。

区域内地质构造复杂，可溶岩广泛分布，北部以巴东组三段为主，夹持于巴东组二段与四段之间，南部以嘉陵江组、大冶组和巴东组一段为主，可溶岩大面积裸露，且连续分布，岩溶发育强烈，地表多以垂直发育为主，向深部则逐渐转变为以水平发育为主，为地下水赋存提供有利空间。现场调查发现区域内地下水网络发达，但受地质构造制约，多沿构造迹线运移、径流、排泄。地下水主要以碳酸岩岩溶裂隙水为主，其对隧道影响显著，裂隙水次之，而松散堆积层孔隙水仅沿河谷地带呈条带状分布，分布范围有限，水量受其制约，对拟建隧道影响小。

地下水主要为大气降水补给。碳酸岩类岩溶水赋存形式差异性明显，且规律性差，水文地质条件复杂。在巴务河向斜一带地下水主要呈现汇流型，而在南部齐岳山背斜则以管流型为主。基岩类孔隙裂隙水储存于自流斜地中，分布较稳定且具承压乃至自流，碎屑岩裂隙水却相反，受构造裂隙控制明显，分布不稳定，主要以就地补给、就地排泄为主。

2.3.4 岩溶及岩溶水

2.3.4.1 地表岩溶形态

由于隧址区可溶岩受构造作用影响，岩体破碎，加之雨量充沛，受泥质岩类的相对隔水层夹持，有利于地下水的补给和对可溶岩成分的溶蚀、溶解作用，造成了区域内岩溶发育程度强烈，溶蚀形态多样。区域内地表岩溶形态主要表现为溶沟、石芽、落水洞、溶蚀洼地、溶蚀槽谷和溶蚀峡谷等。其中，溶沟主要分布于齐岳山背斜和两翼的嘉陵江组合大冶组地层斜坡地带，多顺岩层走向发育，长 3 ~ 7 m 不等，宽 0.1 ~ 0.3 m，深 0.1 ~ 0.2 m；石芽主要发育于齐岳山背斜和两翼嘉陵江组地层中，多分布于溶蚀沟槽、洼地与周边丘陵、低山的结合部位，为裂隙溶蚀演变而来，其发育方向多与主要节理裂隙的展布方向基本一致，石芽一般高 0.2 ~ 0.5 m；落水洞主要分布于齐岳山背斜核部和东翼一带，多沿构造线串珠状分布，宽度一般小于 50 m，可见深度 8 ~ 15 m，呈垂直或陡倾斜状，平面上常呈椭圆状、次圆状、井状及少量裂隙状，多分布于溶蚀洼地、溶蚀漏斗或溶蚀槽谷中，为大气降水形成的地表水给地下水补给主要的运输管道；溶蚀洼地主要分布于齐岳山背斜核部和东翼一带的嘉陵江组的灰岩中，平面上多呈长条状、椭圆状，深度一般介于 5 ~ 30 m，表层被第四系松散堆积层覆盖，区域内共发现溶蚀洼地 41 个；溶蚀槽谷主要分布于齐岳山背斜东翼的上蔡家湾一带，属嘉陵江组的灰岩，槽谷长约 2.5 km，宽 80 ~ 200 m，中部洼地多呈串珠状洼地、落水洞等，薄层被第四系松散堆积层覆盖；岩溶峡谷主要分布于长江干流及一级支流下游，如瞿塘峡峡谷，岩溶河谷紧束，山势陡峭，悬崖绝壁，岸坡岩溶发育相对较弱。

2.3.4.2 地下岩溶形态

隧址区地下岩溶形态主要为溶洞、暗河及岩溶裂隙等。其中:溶洞在隧址区广泛分布,形态多样,大小不一,无经常性水流,是地下水沿可溶性岩石的层面、节理或断层进行溶蚀和侵蚀而成的地下孔道,主要发育于嘉陵江组和大冶组的灰岩地层中,巴东组三段和一段的泥质灰岩次之,前期调查规模较大的溶洞有 15 个,溶洞的剖面形态可分为水平溶洞和多层状溶洞,水平溶洞规模不大,一般为几十厘米到数米,高约 1 m,多层状溶洞也有发育;溶蚀裂隙网络多顺层或顺构造节理发育,在地表直观的表现是岩溶泉点的出露;区域内暗河发育,调查发现大的暗河主要有 12 条,分布于大宁河、长江、深切溪沟及地形低洼地带,为可溶岩发育的主要水平岩溶形态之一,其中 10 条发育于嘉陵江组地层中,另外两条分别发育于巴东组一段和三段,每条暗河都具备单独的补给、径流、排泄条件,多顺岩层走向发育,洞口大小不一,形状各异,水流一般为 3~50 L/s,局部可达 175 L/s,受季节控制明显。

2.3.4.3 岩溶对隧道的影响

拟建小三峡隧道在进口 D1K665+010~D1K671+850 段、D1K683+830~D1K683+964 段将穿越 T_1d、T_1j 和 T_2b^1 可溶岩地层,长度约 6 974 m,占总隧道长度的 36.79%,受岩溶、构造裂隙的影响,易发生岩溶突水、突泥、岩溶坍塌等灾害。

2.3.5 总体评价

综上所述,小三峡隧道穿越区属于低山—中山地貌,地貌及地层单元众多,基岩多裸露,地表局部上覆第四系全新统坡残积、坡洪积、冲洪积、坡崩积及滑坡堆积物,其物质成分主要为粉质黏土、碎石类土、角砾类。下伏基岩主要以三叠系中统巴东组一段、二段(T_2b^{1-2}),下统嘉陵江组一、二、三、四段(T_1j^{1-4})及大冶组一、二、三、四段(T_1d^{1-4})地层为主,洞身段地层岩性为 T_2b^1、T_1j^{1-4}、T_1d^{1-4} 的灰岩、白云岩、泥质灰岩、泥灰岩等可溶岩,其间夹有薄层页岩、泥岩等非可溶岩、T_2b^2 的泥岩夹砂岩。地质构造以褶曲构造为主,背斜与向斜构造交替发育,与线路在不同里程斜交,受构造挤压影响,岩体构造裂隙及节理裂隙发育。

隧道洞身段地下水主要以基岩裂隙水和岩溶水为主,基岩裂隙水不发育,主要以滴水—淋水为主,岩溶水发育,主要以岩溶泉、暗河、岩溶管道形式存在,预测最大涌水量可达 169 000 m³/d。

隧址区各岩层物理力学指标建议值如表 2.1 所示。

表 2.1 隧址区各地层物理力学参数指标建议值

岩土名称	地层	状态	天然密度/(g/cm³)	黏聚力/kPa	内摩擦角/(°)	基地摩擦系数	基本承载力/kPa	压缩模量/MPa	变形模量/MPa
漂石土	Q_4^{al+pl}	稍密	2.2	—	45	0.45	350		50
泥质砂岩、泥岩夹泥灰岩	T_2b^4	W_3	2.2		42	0.35	300		
泥质砂岩、泥岩夹泥灰岩	T_2b^4	W_2	2.4	—	50	0.45	450		
泥质灰岩夹灰岩、页岩	T_2b^3	W_3	2.3		45	0.4	350		
泥质灰岩夹灰岩、页岩	T_2b^3	W_2	2.5		58	0.55	800		
泥岩夹砂岩	T_2b^2	W_3	2.2		42	0.35	300		
泥岩夹砂岩	T_2b^2	W_2	2.4		50	0.45	450		
泥灰岩、白云岩夹泥岩	T_2b^1	W_3	2.2		45	0.4	350		
泥灰岩、白云岩夹泥岩	T_2b^1	W_2	2.4		55	0.55	550		
白云岩夹岩溶角砾岩	T_1j^4	W_3	2.3	—	45	0.45	350		
白云岩夹岩溶角砾岩	T_1j^4	W_2	2.6		65	0.6	800		
白云岩、白云质灰岩夹泥灰岩	T_1j^3	W_3	2.3		45	0.4	350		
白云岩、白云质灰岩夹泥灰岩	T_1j^3	W_2	2.5		58	0.55	800		
白云岩夹灰质白云岩、岩溶角砾岩	T_1j^2	W_3	2.3		45	0.45	350		
白云岩夹灰质白云岩、岩溶角砾岩	T_1j^2	W_2	2.6	—	65	0.6	800		

2 工程概况

续表

岩土名称	地层	状态	天然密度 /(g/cm³)	黏聚力 /kPa	内摩擦角 /(°)	基地摩擦系数	基本承载力 /kPa	压缩模量 /MPa	变形模量 /MPa
白云岩、灰岩夹岩溶角砾岩	T_1j^1	W_3	2.3	—	45	0.45	350		
		W_2	2.6	—	65	0.6	800		
灰岩夹泥灰岩	T_1d^4	W_3	2.3	—	45	0.45	350		
		W_2	2.5	—	60	0.6	700		
灰岩夹页岩	T_1d^3	W_3	2.3	—	45	0.45	350		
		W_2	2.5	—	60	0.6	700		
泥灰岩、灰岩夹页岩	T_1d^2	W_3	2.3	—	45	0.45	350		
		W_2	2.5	—	60	0.6	700		
泥灰岩、灰岩夹泥岩	T_1d^1	W_3	2.3	—	45	0.45	350		
		W_2	2.5	—	60	0.6	600		

3 小三峡岩溶隧道围岩岩体结构概化模型研究

3.1 小三峡岩溶隧道围岩岩体结构概化概述

小三峡隧道洞身段穿越三叠系中统巴东组一、二段（T_2b^{1+2}），下统嘉陵江组（T_1j）以及大冶组（T_1d）等地层，主要以灰岩、白云质灰岩、白云岩、页岩、泥岩为主，岩体大多呈大块状砌体结构、层状镶嵌结构，稳定性差，且岩溶较发育，易产生突水和坍塌现象。其中，隧道进口段至 D1K671+850 段隧道将穿越 T_1d、T_1j 和 T_2b^1 可溶地层，雨季有发生集中涌水的可能，岩溶发育强烈，地下岩溶水发育，产生突水、突泥及岩溶塌陷等灾害的可能性较大。

隧道进口地处大宁河右岸斜坡中下部，由嘉陵江组三段和四段灰岩、白云质灰岩夹白云岩组成，节理较发育[图 3.1（a）]；出口位于白家沟左岸斜坡下部，上部为巴东组三段泥质灰岩，下部为巴东组二段紫红色泥岩夹钙质泥岩[图 3.1（b）]。进口和出口段的主要特点是岩体结构破碎，开挖时易产生岩体垮塌现象，但岩溶不发育。

鉴于此，为了研究小三峡隧道岩溶突水机理，本书以小三峡隧道洞身段为研究对象，通过分析围岩结构特点和岩溶分布情况，采用离散元软件 3DEC 建立小三峡隧道围岩岩体概化模型，为后续分析岩溶对隧道围岩的力学影响提供理论模型。

3 小三峡岩溶隧道围岩岩体结构概化模型研究

（a）隧道进口　　　　　　　　（b）隧道出口

图 3.1　小三峡隧道进出口地貌

3.2 小三峡隧道围岩结构特点

根据前期工程地质勘查报告，小三峡隧道隧址区岩溶较为发育的区域位于小三峡隧道进口段与洞身段之间约 7.3 km 的范围，因此，为了建立小三峡隧道围岩典型岩体结构模型，首先介绍隧道进口段和洞身段节理裂隙发育情况。

3.2.1 隧道进口段

隧道井口段主要发育 2 组节理，J_1 产状 164°∠72~85°，裂面较平直，较光滑，多具溶蚀现象，多具水锈，延伸长度 2~5 m，裂隙密度一般为 3~5 条/m，开度 1~3 mm，部分由黏土半充填；J_2 产状 82°∠76~87°，局部反倾，裂面凹凸不平，较光滑，具溶蚀现象，多具水锈，延伸长度一般为 5~8 m，最长可达 15 m，裂隙密度 2~4 条/m，开度 <1 mm，部分由黏土半充填，结合一般。

3.2.2 隧道洞身段

（1）巴务河向斜北西翼主要发育 2 组节理，J_1 产状 150°∠52°，裂面平直，较光滑，具水锈，延伸长度一般为 2~5 m，裂隙密度 3~5 条/m，开度 <1 mm，无充填，结合一般；J^2 产状 260°∠56°，裂面较平直，较光滑，局部具水锈，延伸长度一般 1~3 m，裂隙密度 3~5 条/m，开度 <1 mm，无充填，结合一般。

（2）巴务河向斜南东翼主要发育 3 组节理，J_1 产状 277°∠14°，裂面较平直，较光滑，具水锈，延伸长度 2~4 m，裂隙密度 3~5 条/m，开度 1~3 mm，局部泥质半充填，结合差；J_2 产状 38°∠78°，裂面凹凸不平，较光滑，具水锈，延伸长度 2~4 m，裂隙密度 3~5 条/m，开度 <1 mm，结合一般；J_3 产状 101°~122°∠68°~81°，裂面平直，较光滑，局部具水锈，延伸长度 4~7 m，裂隙密度 3~5 条/m，开度 1~3 mm，无充填，结合差。

3.3 小三峡隧道沿线岩溶分析

3.3.1 隧址区地下水调查

根据前期工程地质勘查，小三峡隧道洞身段主要穿越三叠系中统巴东组一、二段（T_2b^{1+2}），下统嘉陵江组（T_1j）以及大冶组（T_1d）等地层。按照地下水力联系特征和地下水的补给、径流、排泄条件等因素对其进行细化，将三叠系中统巴东组一、二段（T_2b^{1+2}），下统嘉陵江组（T_1j）以及大冶组（T_1d）等划分为Ⅱ含水层，并主要以碳酸岩类岩溶水为主。Ⅱ含水层主要分布在齐岳山背斜轴部和东翼一带，岩性以中—厚层状灰岩、白云质灰岩等为主，岩溶化程度极高，地表常发育溶蚀洼地、暗河、落水洞、槽谷和溶洞等大型岩溶形态。地下水以碳酸岩岩溶裂隙水赋存，主要接受大气降水补给，其降水形成的地表水经垂直岩溶管道向地下水进行渗入式或注入式补给，然后在地形低洼处以泉、井、暗河等形式进行排泄。

根据前期勘察，Ⅱ含水层共出露地下暗河 11 条，流量介于 0.03~

3 小三峡岩溶隧道围岩岩体结构概化模型研究

157 L/s；出露泉点 103 个，流量介于 0.005~80 L/s。其中，流量大于 20 L/s 的泉点 8 个，1~20 L/s 的泉点 7 个，具体信息如表 3.1 所示。

表 3.1 隧道洞身段含水层情况调查汇总

编号	地下水类型	流量/(L/s)	出露标高/m	出露地层
Q001	泉	1.5	674	嘉陵江组
Q002	泉	1.16	802	嘉陵江组
Q003	泉	2.01	533	嘉陵江组
Q004	泉	1.72	295	嘉陵江组
Q005	泉	3.7	292	嘉陵江组
Q006	泉	23	289	嘉陵江组
Q007	泉	24	573	嘉陵江组
Q008	泉	30	523	巴东组一段
Q009	泉	1.1	497	巴东组一段
Q010	泉	4	760	嘉陵江组
Q011	泉	157.19	1 063	巴东组一段
Q012	泉	31.79	826	巴东组一段
Q013	泉	40	1 020	嘉陵江组
Q014	泉	25	130	嘉陵江组
Q015	泉	80	100	嘉陵江组
AH001	暗河	49	145	嘉陵江组
AH02	暗河	50	70	嘉陵江组
AH003	暗河	157	210	嘉陵江组
AH004	暗河	4.2	780	嘉陵江组
AH005	暗河	0.79	1 522	嘉陵江组
AH006	暗河	16.2	444	巴东组一段
AH007	暗河	1.1	606	嘉陵江组
AH008	暗河	0.21	882	嘉陵江组
AH009	暗河	1.0	1 244	嘉陵江组
AH010	暗河	0.03	1 163	嘉陵江组
AH011	暗河	3	572	嘉陵江组

3.3.2 隧址区岩溶发育情况调查

岩溶发育情况可以根据岩溶现象、岩溶密度、最大泉流量等因素进行分级，发育程度可分为极强、强烈、中等、微弱等四级，具体评判指标如表 3.2 所示。

表 3.2 岩溶发育情况分级及指标

岩溶发育程度	岩溶层组	岩溶现象	岩溶密度/（个/km²）	最大泉流量/（L/s）
极强	厚层块状灰岩及白云质灰岩	地表及地下岩溶形态均很发育，地表有大型溶洞，地下有大规模的暗河或暗河系，以管道水为主	>15	>50
强烈	中厚层灰岩夹白云岩	地表有溶洞，落水洞、漏斗、洼地密集，地下有规模较小的暗河，以管道水为主，兼有裂隙水	5~15	10~50
中等	中薄层灰岩、白云岩与不纯碳酸盐岩或碎屑岩呈互层或夹层	地表有小规模的溶洞，较多的落水洞、漏斗，地下发育裂隙状暗河，以裂隙水为主	1~5	5~10
微弱	不纯碳酸盐岩与碎屑岩呈互层或夹层	地表及地下多以溶隙为主，有少数的落水洞、漏斗和岩溶泉，发育以裂隙水为主的多层含水层	0~1	<5

注：引自《岩溶工程地质》（铁道部第二勘测设计院，1984 年）。

根据表 3-2 所示岩溶发育程度划分标准，小三峡隧道隧址区岩溶发育强度可以划分为岩溶发育强度强烈区和岩溶发育强度中等区。其中，岩溶发育强度强烈区为嘉陵江组地层组成，岩溶密度为 5~6 个/km²，最

3 小三峡岩溶隧道围岩岩体结构概化模型研究

大泉流量 157 L/s；而岩溶发育强度中等区为大冶组、巴东组一段和三段地层，岩溶密度为 1~2 个/km²，最大泉流量 15~175 L/s。各地层岩溶发育情况如表 3.3 所示。

表 3.3 隧址区各地层岩溶发育程度划分

地层	主要岩性	岩溶 主要出露现象	个数	岩溶发育强度	岩溶密度 /（个/km²）	最大泉流量 /（L/s）
T_2b^3	泥质灰岩	泉、暗河、落水洞、溶洞等	32	中等	1	85
T_2b^1	泥质灰岩	暗河、泉等	22	中等	2	157.19
T_1j	灰岩、白云质灰岩	落水洞、洼地、暗河、溶洞、溶蚀槽谷、溶蚀峡谷等	195	强烈	5~6	157
T_1d	灰岩、泥质灰岩	溶洞、落水洞、泉等	15	中等	1	15

3.4 隧道围岩岩体结构概化模型

根据上述小三峡隧道围岩结构特点及隧址区地下水和岩溶发育情况，结合本书的研究重点，按照如下条件建立隧道围岩岩体结构概化模型：

（1）由于岩溶发育区域主要位于隧道进口段至洞身段约 7.3 km 范围内，且隧道进口段节理裂隙更为发育，产状对围岩稳定性更为不利，所以在建立围岩岩体结构概化模型时选取进口段的两组节理裂隙产状作为围岩中的主要发育节理裂隙。

（2）由表 3-3 可知，小三峡隧址区岩溶发育强度强烈区位于嘉陵江组地层，主要以灰岩、白云质灰岩为主，地下岩溶形态主要以溶洞为主，无典型暗河，因此在建立围岩岩体概化模型时岩体中的岩溶形态只考虑溶洞，而不考虑存在地下暗河的情况。

根据上述分析，采用离散元软件 3DEC 建立隧道围岩岩体结构概化模型，具体步骤如下：

（1）在 3DEC 中建立以隧道走向为 Y 轴正向、竖直向上为 Z 轴正向，符合右手法则的三维直角坐标系。

（2）围岩岩体中主要发育两组节理面，其产状分别为 J_1 倾角 78°、倾向 164°，节理密度 3 条/m；J_2 倾角 82°、倾向 82°，节理密度 3 条/m。暂时不考虑节理开度的影响。

（3）由于前期地质勘查过程中仅调查溶洞的分布范围，未对溶洞的具体大小和位置进行明确量测和定位，因而在此建立概化模型时结合 3DEC 离散元软件建模的特点，将围岩岩体中赋存的溶洞假想为规则长方体或正方体，溶洞与拟建隧道之间的位置关系在后续研究中将通过人为设置不同间距来进行考虑。

按照上述步骤，采用 3DEC 离散元软件建立的小三峡隧道围岩典型岩体结构概化模型如图 3.2 所示。其中，图 3.2（a）为完整岩块被两组结构面切割后形成的隧址区岩体，图 3.2（b）为单独提取的两组节理面，图 3.2（c）和图 3.2（d）分别表示岩体中开挖隧道及考虑存在溶洞时的模型。后续岩溶隧道突水机理研究都是基于上述模型进行计算和分析的。

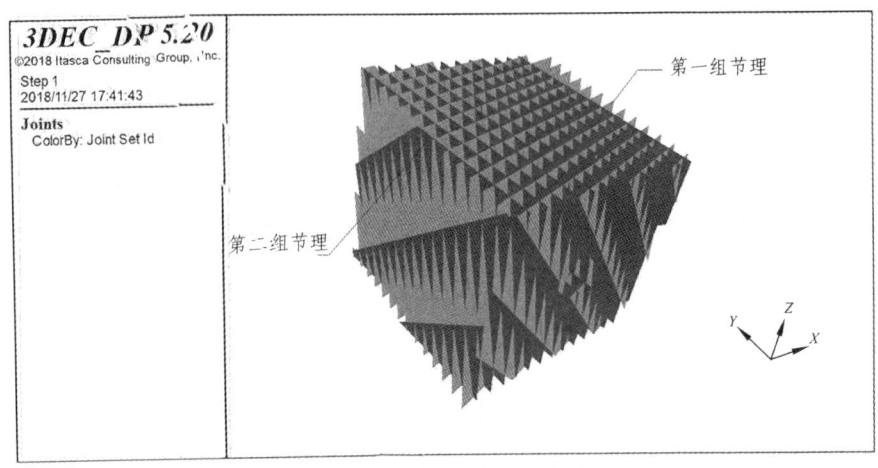

（a）岩体被两组节理面切割

3 小三峡岩溶隧道围岩岩体结构概化模型研究

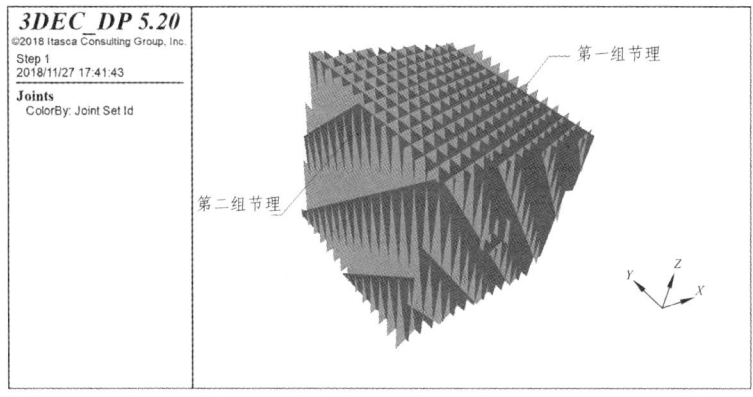

(b)两组节理面

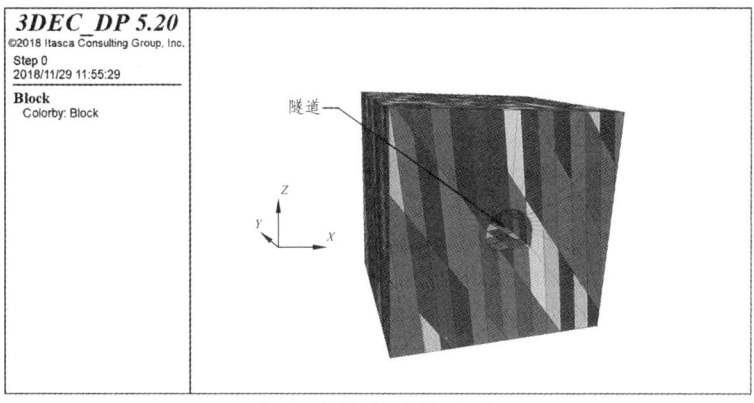

(c)岩体中开挖隧道

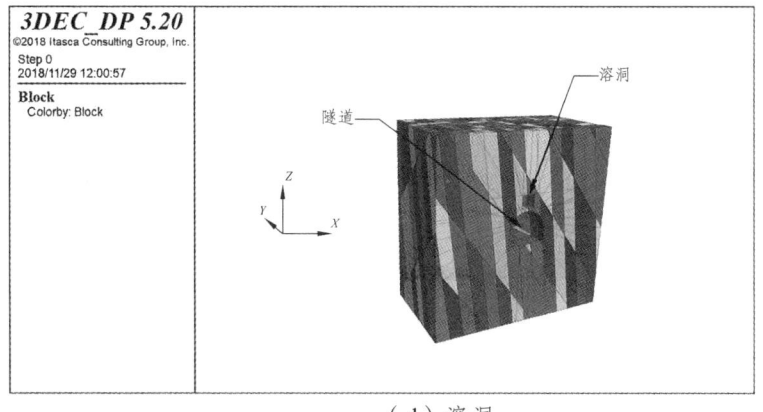

(d)溶洞

图 3.2 隧道围岩岩体结构概化模型

3.5　本章小结

本章在分析小三峡隧道隧址区工程地质条件的基础上，着重分析了小三峡隧道进口段至洞身段围岩岩体的结构特点及岩溶发育情况，在此基础上采用 3DEC 软件建立了隧道围岩典型岩体结构概化模型，为后续分析岩溶隧道突水机理奠定了模型基础。

4 小三峡岩溶隧道围岩岩体水力模型研究

4.1 小三峡岩溶隧道围岩岩体水力情况概述

岩溶隧道突水灾变本质上是隧道围岩在开挖卸荷作用下产生损伤劣化，围岩中裂隙贯通形成岩溶水渗流通道或者受高压岩溶水劈裂作用导致围岩发生破坏而产生。为了分析小三峡岩溶隧道的突水机理，在此先在小三峡隧道三维岩体结构概化模型的基础上，考虑小三峡隧道的岩溶和地下水渗流情况，建立隧道围岩岩体水力模型，分别分析岩溶隧道围岩附近赋存空溶洞、充水溶洞和考虑地下水渗流场三种情况，计算围岩的应力、位移和渗流场变化情况，为岩溶隧道突水预测和评价奠定理论基础。

4.2 岩溶隧道围岩岩体水力分析模型

由于地下岩体都是赋存在一定的地下水环境中的，而岩溶水是岩体中在溶洞这一个小范围内集中聚集的地下水，并通过岩体中的导水裂隙获得地下水的补给，具有较高的水头压力。当在岩体中开挖隧道后，当溶洞与隧道之间的距离在一定范围内时，围岩在卸荷和高岩溶水压力的双重作用下发生损伤裂隙并扩展贯通，形成突水灾害。因此分析充水溶洞对隧道围岩的影响是研究岩溶隧道突水机理的基础，同时由于围岩岩体处于一定的地下水环境中，隧道围岩四周地下水的渗流场对围岩应力和位移变化有显著影响，对其进行分析也是十分必要的。为此，先在第3章小三峡隧道典型围岩岩体结构概化模型的基础上，考虑隧道与溶洞的空间位置关系，建立岩溶隧道围岩水力分析模型，在此基础上分别考虑①隧道围岩中隐伏溶洞为空溶洞、②隧道围岩中隐伏溶洞为充水溶洞、③渗流场的影响等三种情况，分别对隧道围岩的应力和位移变化情况进行分析，为后续分析岩溶隧道突水机理奠定基础。下面先以小三峡隧道典型隧道横截面为基础，采用3DEC离散元软件建立岩溶隧道围岩水力分析模型。

4.2.1 离散元几何模型的建立

小三峡隧道为客运专线双线隧道，隧道高度为 11.98 m，跨度为 14.3 m，设有仰拱。但由于实际隧道横断面的不规则性，在 3DEC 软件中建模有一定的难度。为了提高建立数值模型的效率和计算效率，在此参考已有隧道 3DEC 建模方法，将小三峡隧道典型横断面简化为直墙半圆拱形断面（图 4.1）。其中，隧道跨度为 14.3 m，直墙段高度为 4.83 m，顶部半圆拱直径与隧道跨径一致。

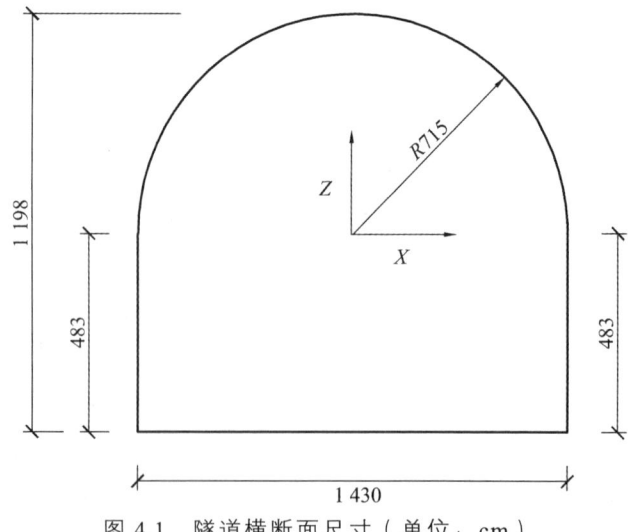

图 4.1　隧道横断面尺寸（单位：cm）

4 小三峡岩溶隧道围岩岩体水力模型研究

然后在 3DEC 软件中按如图 4.1 所示隧道典型横断面建立几何模型。建立几何模型时,先建立以隧道走向为 Y 轴正向、竖直向上为 Z 轴正向、X 轴正向符合右手法则的三维直角坐标系,并将坐标系原点定义为隧道半圆拱的圆心。为了消除边界效应的影响并同时考虑计算效率,在此建模时将围岩岩体结构模型在 X、Y、Z 方向上的长度取值均为 70 m。模型顶面距离隧道拱顶 27.85 m,距离隧道底板的距离为 39.83 m;模型底部距离隧道底板 30.17 m。

由于隧道的岩溶情况还未揭露,隧道围岩附近的溶洞大小以及溶洞与隧道之间的空间位置关系不确定,在此建立模型时根据前期地质勘查关于岩溶分布情况的介绍以及此地区其他工程揭露的岩溶大小情况,溶洞假设为边长为 5 m 的立方体。

围岩岩体主要被两组节理面切割,两组节理面的产状分别为 J_1 倾角 78°、倾向 164°,节理密度 3 条/m;J_2 倾角 82°、倾向 82°,节理密度 3 条/m。

根据上述条件建立的岩溶隧道三维几何模型如图 4.2 所示。

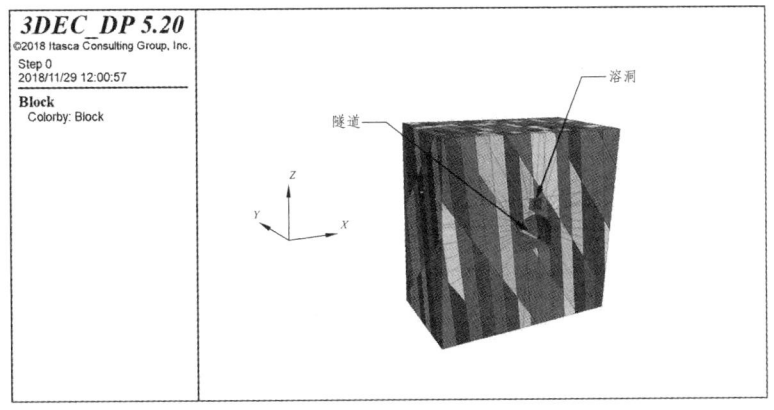

图 4.2 岩溶隧道三维几何模型

4.2.2 模型参数及边界条件

小三峡隧道穿越的岩体大部分为Ⅳ级围岩的灰岩和白云质灰岩,在离散元分析时将灰岩视为各向同性材料,采用莫尔-库仑模型[图 4.3(a)];

节理面采用节理面接触-具有残余强度库仑滑移的库仑滑动模型[图 4.3（b）]。根据表 2.1 所示前期地质勘查报告中岩体力学参数的推荐值，再结合蔡美峰等主编的《岩石力学与工程》（第 2 版）中关于灰岩基本物理力学参数的取值，得到模拟所需岩溶隧道围岩基本物理力学参数数值如表 4.1 所示。在表 4.1 中，有如下几点需要说明：

（1）节理法向刚度 K_n 取值按 $K_n=E/10$，其中 E 为岩石弹性模量。

（2）节理切向刚度 K_s 与法向刚度 K_n 之间存在如下关系：

$$\frac{K_n}{K_s} = \frac{E}{G} \tag{4.1}$$

式中：G 为岩石剪切模量（GPa）。

然后将表 4.1 所示物理力学参数赋值给图 4.2 所示几何模型就可以进行单元划分了。在 3DEC 软件中，划分单元时采用四面体单元，平均边长设为 1.5 m，按自动划分方式先对几何模型进行单元划分，然后再对溶洞和隧道周边区域进行细化，最终得到模型四面体单元体数量为 10 210 742 个。

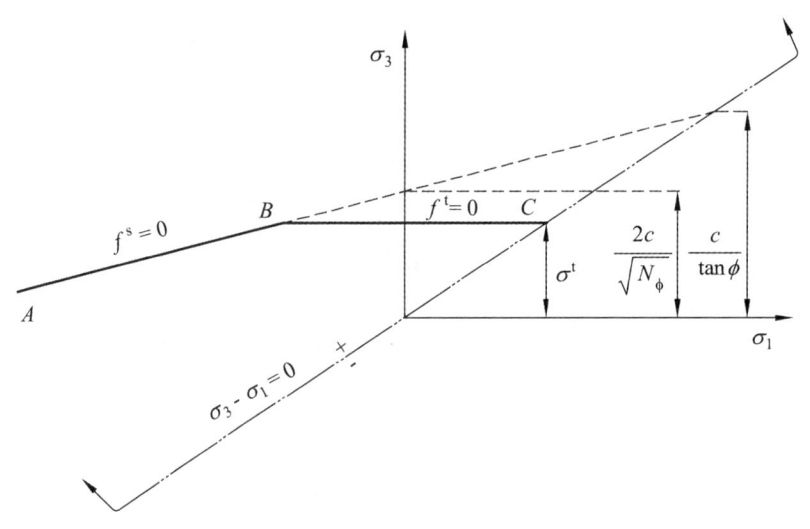

（a）莫尔-库仑模型

4 小三峡岩溶隧道围岩岩体水力模型研究

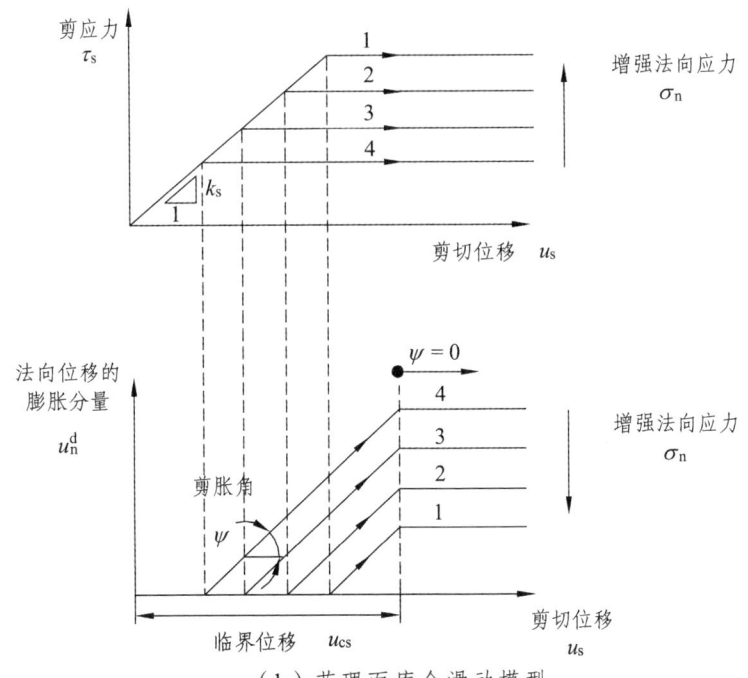

（b）节理面库仑滑动模型

图 4.3 3DEC 中岩石和节理面本构模型

表 4.1 砂岩石块及节理基本物理力学参数

岩块参数	密度/(kN/m³)	弹性模量/GPa	泊松比	黏聚力/MPa	内摩擦角/(°)	剪切模量/GPa	体积模量/GPa
数值	2500	17.4	0.26	3.5	58	6.9	12
节理参数	黏聚力/MPa	内摩擦角/(°)	法向刚度/(GPa/m)	切向刚度/(GPa/m)			
数值	0.0	30	1.74	0.167			

模型位移和应力边界条件按如下设置：

（1）模型顶面为自由边界。

（2）模型左右两侧施加位移边界约束条件。

（3）模型底部同时施加水平方向和竖直方向的位移约束条件。

（4）溶洞边界和隧道洞室边界按自由边界考虑。

（5）模型顶面施加均匀的竖向边界面力，其大小根据隧道埋深情况将上部岩体重量换算成均布荷载施加，尽管小三峡隧道最大埋深可达 690 m，但是由于岩溶发育区域主要是在隧道进口段，因而在此施加竖向均布荷载时仅按隧道进口段平均埋深考虑，按埋深换算后的均匀竖向荷载为 625 kN/m^2。

上述模型位移和应力边界条件如图 4.4 所示。

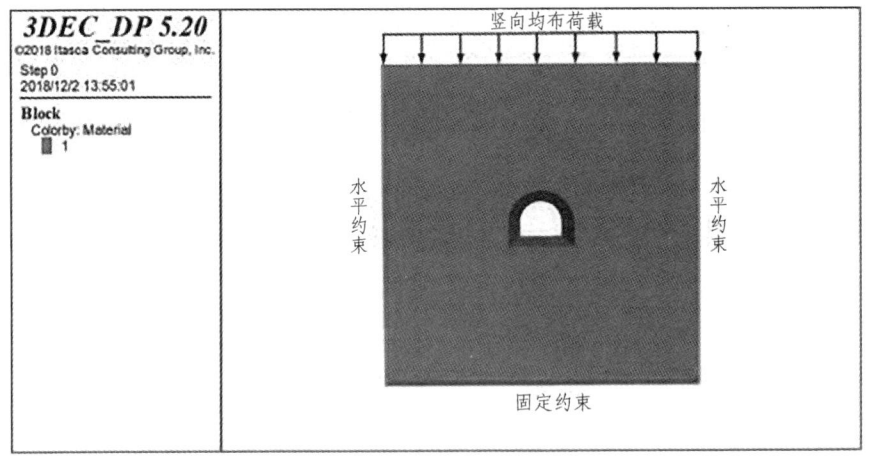

图 4.4　模型位移和应力边界条件

4.2.3　计算工况设置

由于现场还未揭露岩溶分布情况，为了全面考虑岩溶分布在隧道周围不同位置处的情况，在此设计了岩溶位于隧道周围不同位置处且距离隧道不同距离的工况共计 6 种，具体如表 4.2 所示。部分工况下离散元模型中隧道和岩溶的位置如图 4.5 所示。

4 小三峡岩溶隧道围岩岩体水力模型研究

表 4.2 设计工况汇总

工况	溶洞位置	具体计算内容
工况一	拱顶	当溶洞位于拱顶正上方且距离拱顶 1 m、3 m、5 m、7 m、9 m 时的围岩应力和位移情况
工况二	右拱肩	当溶洞位于右拱肩斜上方且距离右拱肩 1 m、3 m、5 m、7 m、9 m 时的围岩应力和位移情况
工况三	右拱腰	当溶洞位于右拱腰斜上方且距离右拱腰 1 m、3 m、5 m、7 m、9 m 时的围岩应力和位移情况
工况四	隧道底部	当溶洞位于隧道底部下方且距离隧道底部 1 m、3 m、5 m、7 m、9 m 时的围岩应力和位移情况
工况五	左拱腰	当溶洞位于左拱腰斜上方且距离左拱腰 1 m、3 m、5 m、7 m、9 m 时的围岩应力和位移情况
工况六	左拱肩	当溶洞位于左拱肩斜上方且距离左拱肩 1 m、3 m、5 m、7 m、9 m 时的围岩应力和位移情况

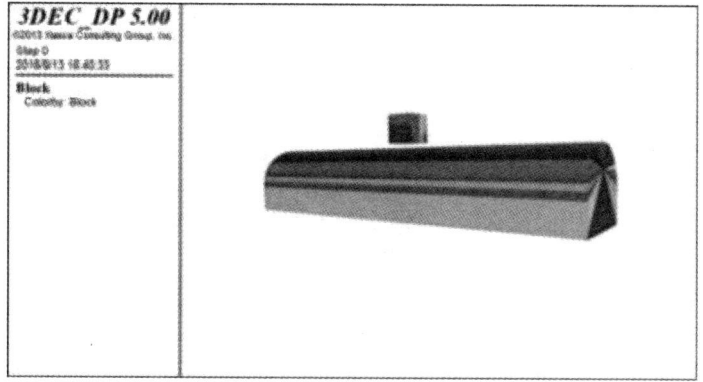

（a）溶洞位于隧道拱顶上方

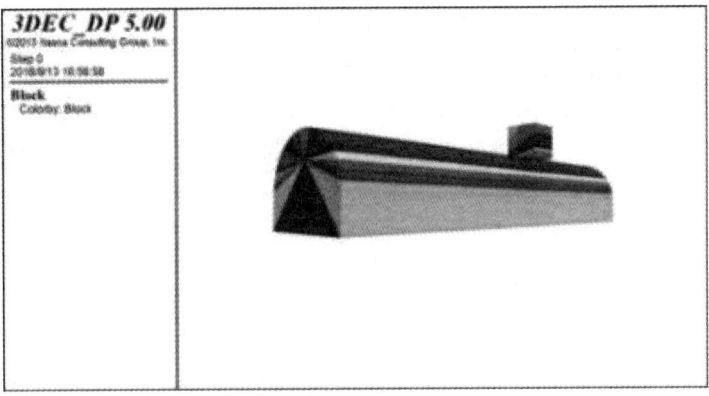

（b）溶洞位于右拱肩

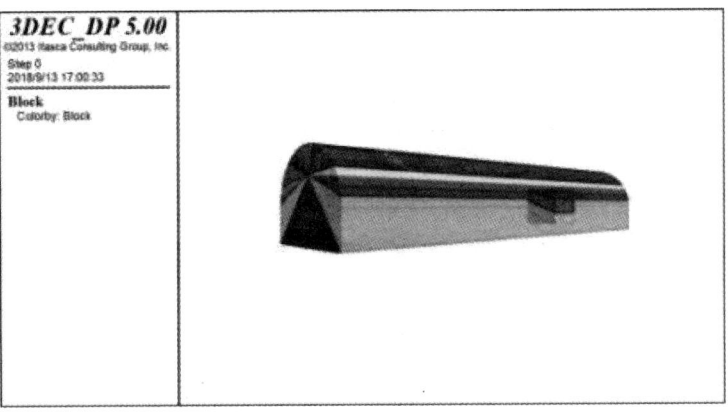

（c）溶洞位于右拱腰

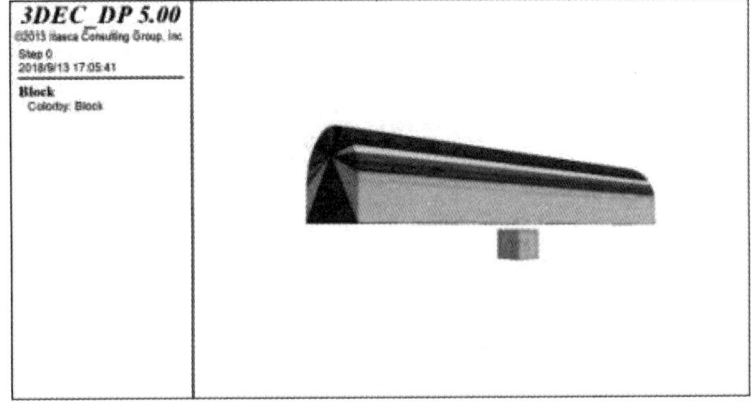

（d）溶洞位于隧道底部

4 小三峡岩溶隧道围岩岩体水力模型研究

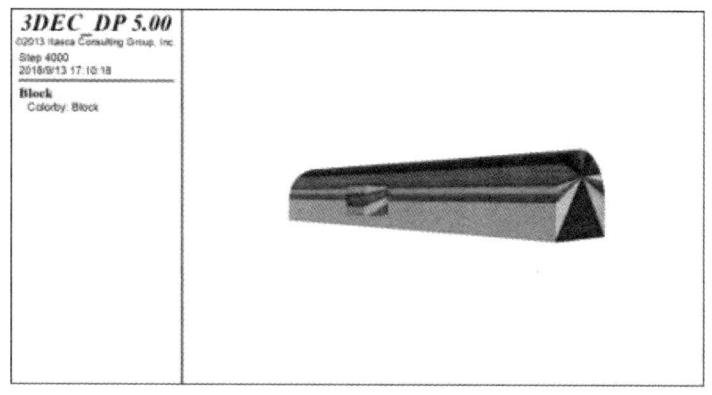

(e) 溶洞位于左拱腰

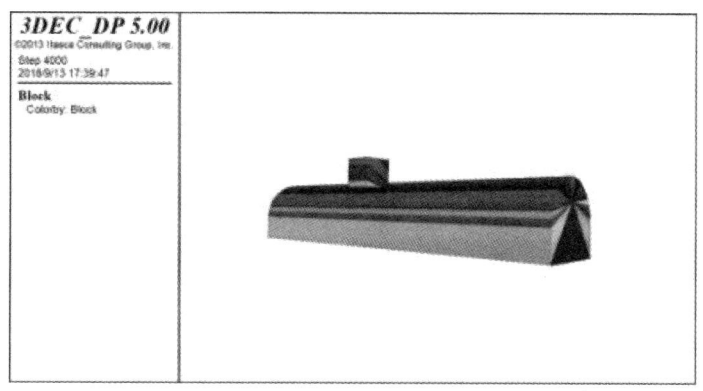

(f) 溶洞位于左拱肩

图 4.5 离散元模型中溶洞与隧道间的位置关系

计算过程中,为了监测围岩中的应力和位移情况,在隧道围岩周围设置了 8 个监测点,监测点及其在隧道上的对应位置如表 4.3 所示,监测点相应分布情况如图 4.6 所示。

表 4.3 隧道围岩监测点位置

测点编号	1	2	3	4
测点位置	拱顶	右拱肩	右拱腰	右边墙脚
测点编号	5	6	7	8
测点位置	隧道底部	左边墙脚	左拱腰	左拱肩

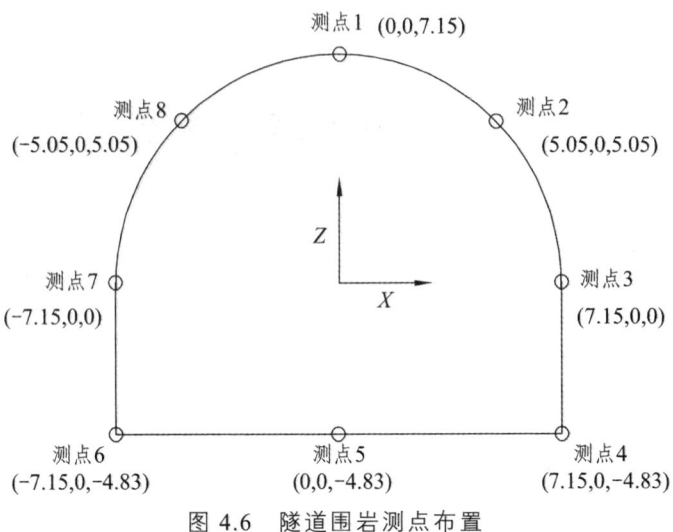

图 4.6 隧道围岩测点布置

4.2.4 水力分析模型设置

为了分析岩溶隧道突水机理，在此根据上述 3DEC 离散元建模过程建立岩溶隧道围岩水力分析模型后，设置三种情况进行分析：
（1）隧道周边隐伏溶洞为空溶洞。
（2）隧道周边隐伏溶洞为充水溶洞。
（3）考虑渗流影响的情况。
在后续章节中将分别针对上述三种情况采用隧道围岩水力分析模型进行计算，并对围岩应力和位移计算结果进行分析。

4.3 岩溶隧道隐伏空溶洞的围岩力学特性

当隧道周边隐伏溶洞为空溶洞时，采用隧道围岩水力分析模型，按照表 4.2 所列工况进行计算，计算完成后提取图 4.6 所示 8 个监测点的位移和应力数据进行分析。隧道围岩的典型位移和应力云图如图 4.7 所示。由图

4　小三峡岩溶隧道围岩岩体水力模型研究

（a）围岩位移

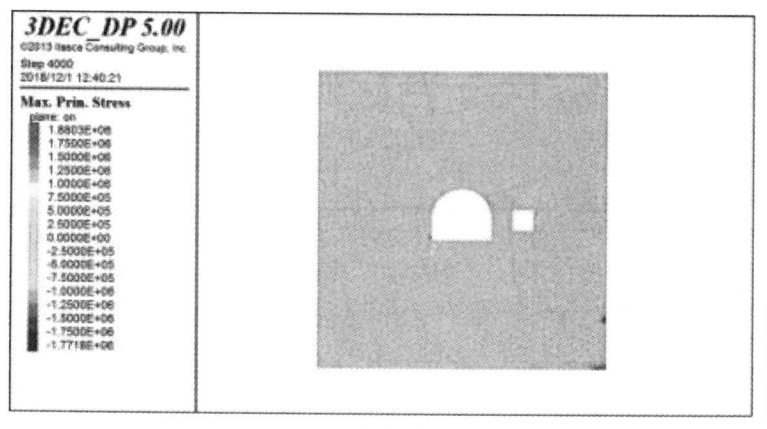

（b）围岩中的主应力

图 4.7　隐伏空溶洞影响下隧道围岩典型位移和应力云图

可知：隧道围岩变形较大的位置主要位于隧道拱顶上方，且围岩竖向位移分布云图与 J_2 节理分布图十分类似，这主要是由于 J_2 节理的倾角和倾向近似竖直，围岩主要沿节理面产生滑动变形；围岩竖向位移变形由隧道拱顶到隧道底部呈现递减的变化规律，且拱底的竖向位移几乎可以忽略不计，由此可以推断隧道横断面中上部是围岩变形的主要部位，应当加强支护；围岩主应力集中情况出现在隧道左右拱脚处，这主要是由于隧道拱顶和拱腰处的应力通过拱效应沿节理传递到隧道拱脚位置产生的应力集中现象。

限于篇幅,在此不对每种工况下的计算云图进行一一解释,下面将综合隧道围岩应力和变形计算结果,分析溶洞对隧道围岩变形和应力的影响。需要说明的是:在此分析时直接采用计算结果数据绘制的变化图进行阐述,各测点的位移和应力数值详见附录一。

4.3.1 溶洞分布距离对隧道围岩变形的影响分析

按照表 4-2 所列 6 种工况,通过在隧道不同位置分别布置不同距离(距离分别为 1 m、3 m、5 m、7 m、9 m)的溶洞,计算隧道围岩的变形情况,根据数值模拟计算结果得到隧道围岩各测点变形随溶洞分布距离的变化规律,如图 4.8 所示。

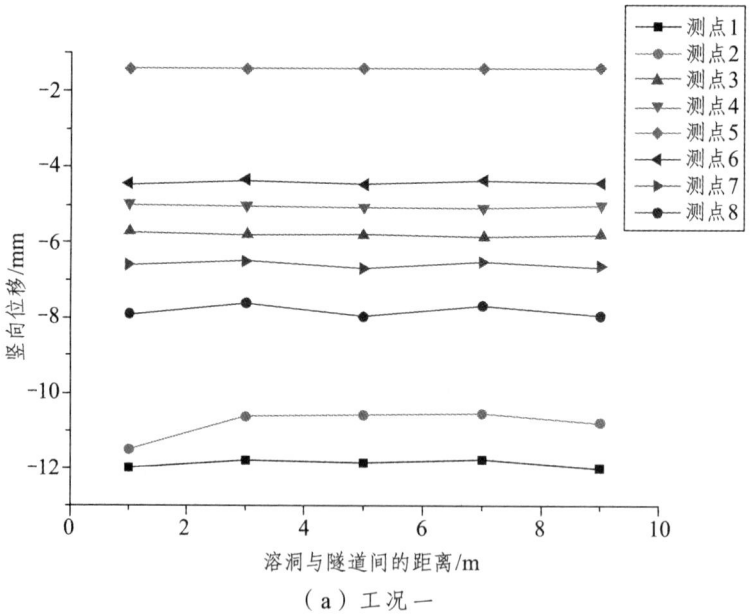

(a) 工况一

4 小三峡岩溶隧道围岩岩体水力模型研究

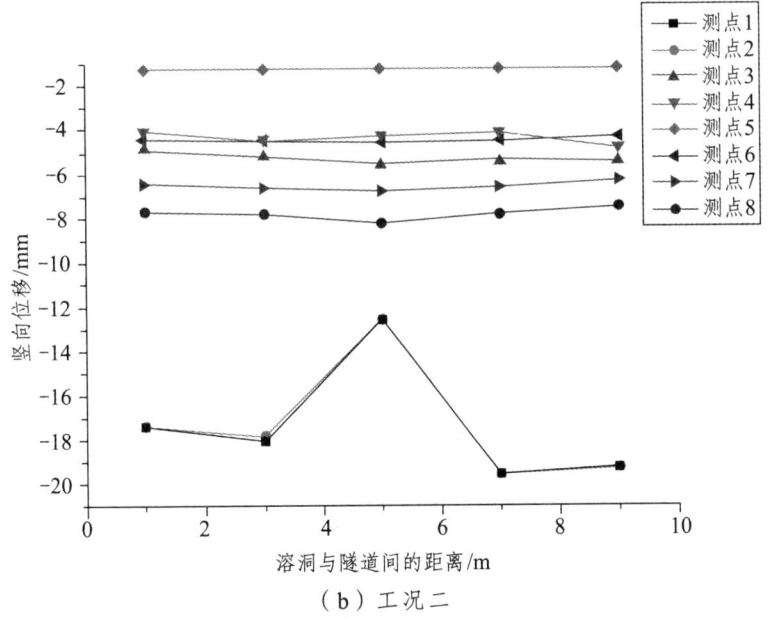

(b) 工况二

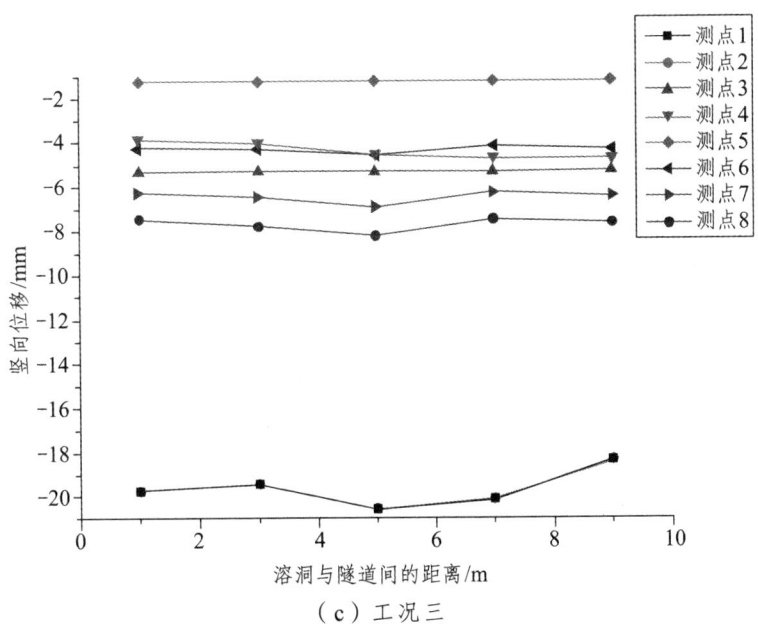

(c) 工况三

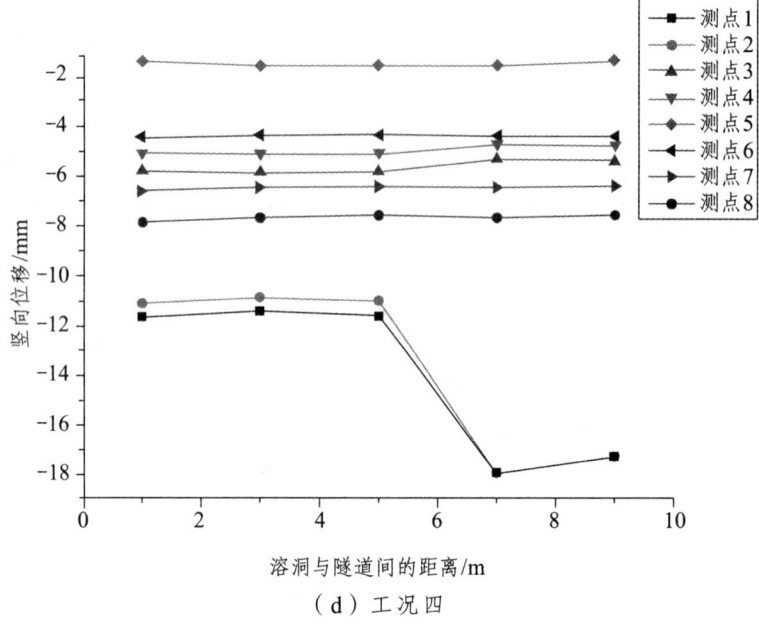

(d)工况四

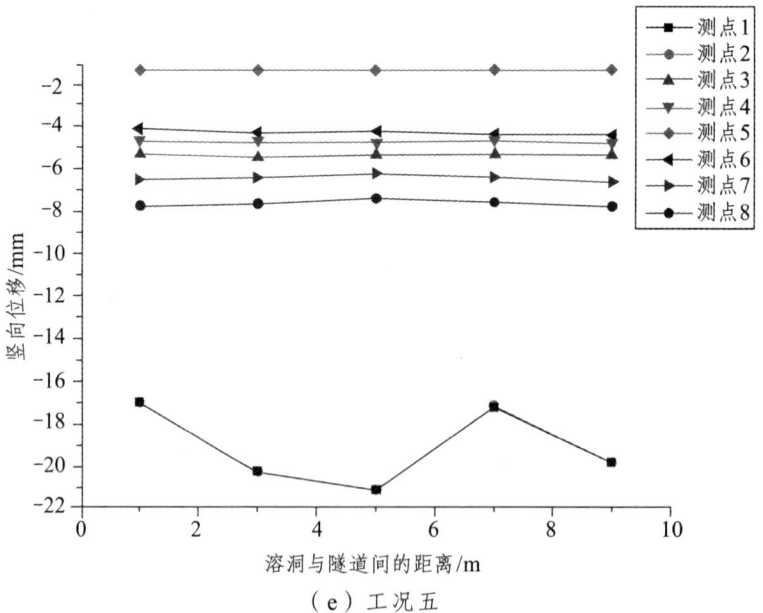

(e)工况五

4 小三峡岩溶隧道围岩岩体水力模型研究

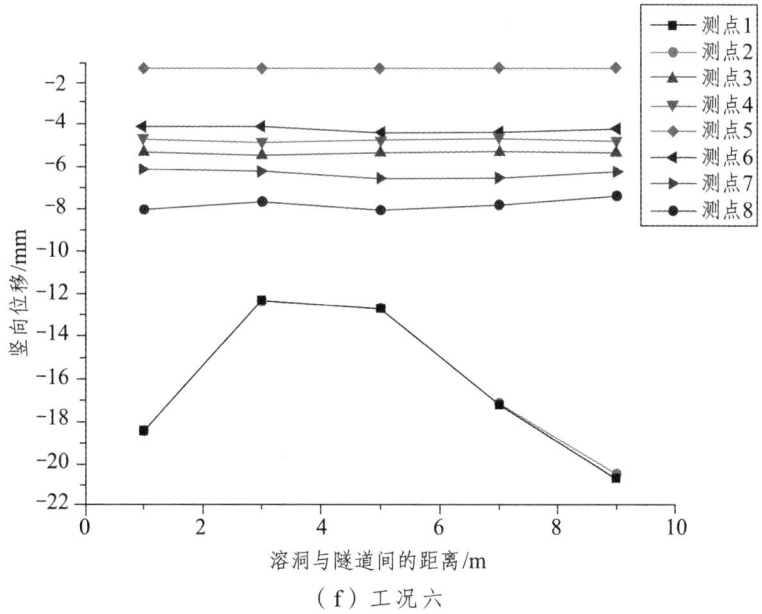

（f）工况六

图 4.8 不同工况条件下隧道围岩竖向位移随溶洞分布距离的变化规律

由图可知：

当溶洞位于拱顶上方时[图 4.8（a）]，拱顶处的围岩变形最大，其次依次为右拱肩处的位移、左拱肩处的位移、左拱腰处的位移、右拱腰处的位移、右拱脚处的位移、左拱脚处的位移、拱底处的位移；隧道围岩拱顶处以及两侧拱肩处的位移随溶洞与隧道间的距离变化有较为明显的变化，而隧道的两侧拱腰、两侧拱脚以及拱底的竖向位移随溶洞与隧道间距离变化无明显变化；隧道围岩的破坏以隧道围岩拱顶处为最薄弱点，当溶洞距离隧道围岩拱顶 1 m 时，围岩变形最大，此时拱顶位移到达 －12 mm；两侧拱肩、拱腰、拱脚的位移值并未出现对称的竖向位移，主要原因是由于岩体产状节理的分布，不同的倾角与倾向，导致了隧道围岩的应力分布不均匀，进而导致了各个对称测点的竖向位移的不同。

当溶洞位于隧道右拱肩处时[图 4.8（b）]，以拱顶和右拱肩处的位移最大，其次依次为左拱肩的位移、左拱腰的位移、右拱腰的位移、左拱脚的位移、右拱脚的位移，拱底处的位移。隧道围岩拱顶处以及右拱肩处的位移随溶洞与隧道间的距离变化有较为明显的变化，而隧道的左拱肩、两侧拱腰、两侧拱脚以及拱底的竖向位移随溶洞与隧道间距离变化无明显变化。当溶洞距离隧道围岩右拱肩 7 m 时，围岩变形最大，最大竖向变形为 19.55 mm。在溶洞距离隧道右拱肩距离 5 m 时，拱顶及右拱肩的竖向位移有较大的波动，此时竖向位移为 12.55 mm。

当溶洞位于隧道右拱腰时[图 4.8（c）]，以拱顶和右拱肩处的位移最大，其次依次为左拱肩的位移、左拱腰的位移、右拱腰的位移、左拱脚的位移、右拱脚的位移、拱底处的位移。隧道围岩拱顶处以及右拱肩处的位移随溶洞与隧道间的距离变化有较为明显的变化，而隧道的左拱肩、两侧拱腰、两侧拱脚以及拱底的竖向位移随溶洞与隧道间距离变化无较为明显的变化。当溶洞距离隧道围岩右拱肩 5 m 时，围岩变形最大，最大变形位于拱顶处且最大竖向变形为 20.49 mm。

当溶洞位于隧道拱底下方时[图 4.8（d）]，以拱顶位移最大，其次依次为右拱肩的位移、左拱肩的位移、左拱腰的位移、右拱腰的位移、右拱脚的位移、左拱脚的位移、拱底处的位移。隧道围岩拱顶处以及右拱肩处的位移随溶洞与隧道间的距离变化有较为明显的变化，而隧道的左拱肩、两侧拱腰、两侧拱脚以及拱底的竖向位移随溶洞与隧道间距离变化无较为的明显变化。当溶洞距离隧道围岩右拱肩 7 m 时，围岩变形最大，最大变形位于拱顶处且最大竖向变形为 −17.98 mm。

当溶洞位于隧道左拱腰时[图 4.8（e）]，以拱顶和右拱肩处的位移最大，其次依次为左拱肩的位移、左拱腰的位移、右拱腰的位移、右拱脚的位移、左拱脚的位移、拱底处的位移。隧道围岩拱顶处以及右拱肩处的位移随溶洞与隧道间的距离变化有较为明显的变化，而隧道的左拱肩、两侧拱腰、两侧拱脚以及拱底的竖向位移随溶洞与隧道间距离变化无较为明显的变化。当溶洞距离隧道围岩右拱肩 5 m 时，围岩变形最大，最大变形位于拱顶处且最大竖向变形为 −21.07 mm。

当溶洞位于隧道左拱肩处时[图 4.8（f）]，以拱顶和右拱肩处的位移最大，其次依次为左拱肩的位移、左拱腰的位移、右拱腰的位移、右拱脚的位移、左拱脚的位移、拱底处的位移。隧道围岩拱顶处以及右拱肩

4 小三峡岩溶隧道围岩岩体水力模型研究

处的位移随溶洞与隧道间的距离变化有较为明显的变化,而隧道的左拱肩、两侧拱腰、两侧拱脚以及拱底的竖向位移随溶洞与隧道间距离变化无较为明显的变化。当溶洞距离隧道围岩右拱肩 9 m 时,围岩变形最大,最大变形位于拱顶处且最大竖向变形为 -20.65 mm。

综上所述,溶洞测点的位移最大值一般都位于拱顶处,因此判断隧道拱顶为围岩的最易破坏点,而溶洞的分布距离对于围岩并未呈现有规律的变化趋势,而是处于一个波动的情况,产生波动的主要原因是由于隧道围岩的产状节理影响,不同分布距离的溶洞,截断的产状节理不同,进而导致各个测点的岩体受力发生了变化,因此出现了竖向位移不规律波动的情况。

4.3.2 溶洞分布位置对隧道围岩变形的影响分析

按照表 4.2 所列 6 种工况,通过在隧道不同位置分别布置不同距离(距离分别为 1 m、3 m、5 m、7 m、9 m)的溶洞,计算隧道围岩的变形情况,根据数值模拟计算结果得到隧道围岩各测点变形随溶洞分布位置的变化规律,如图 4.9 所示。

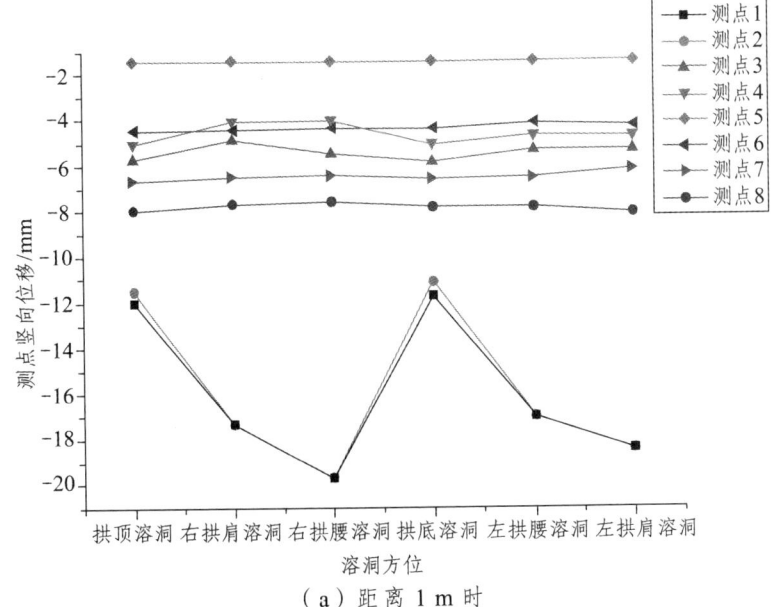

(a) 距离 1 m 时

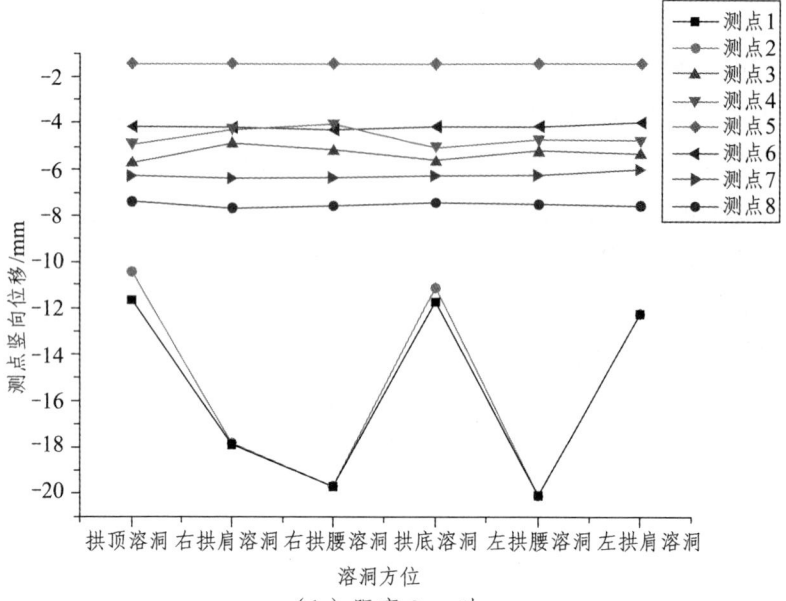

（b）距离 3 m 时

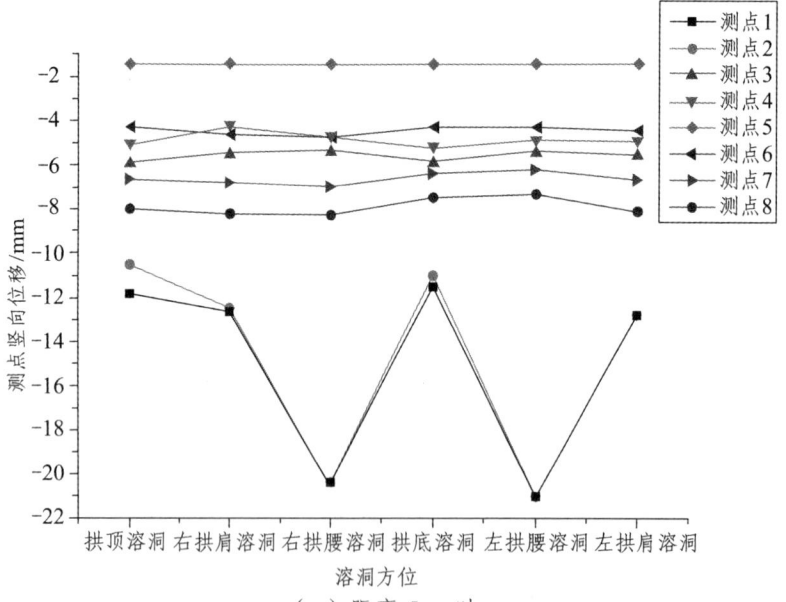

（c）距离 5 m 时

4 小三峡岩溶隧道围岩岩体水力模型研究

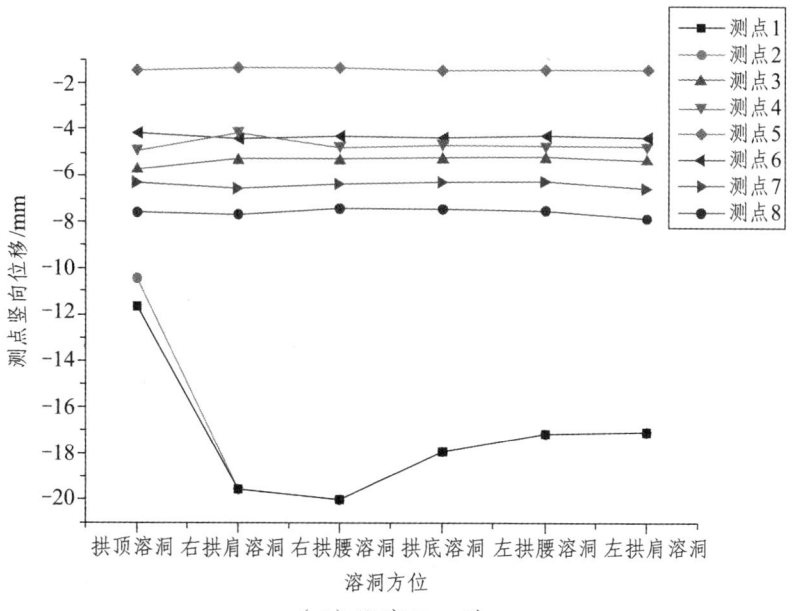

(d) 距离 7 m 时

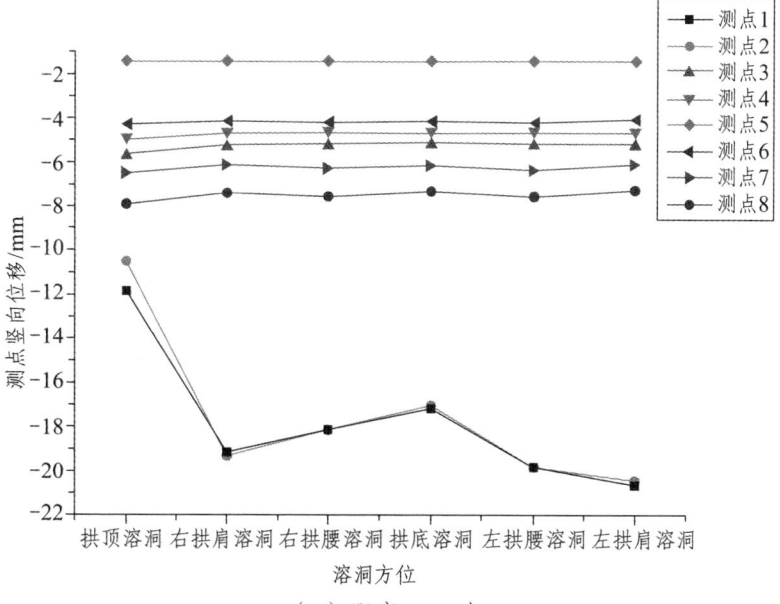

(e) 距离 9 m 时

图 4.9 隧道围岩各测点变形随溶洞分布位置的变化规律

由图可知：当溶洞与隧道距离为 1 m 时，溶洞分布于右拱腰以及左拱肩的位置对隧道围岩的稳定性最不利，此时拱顶位移达到了 19.69 mm。当溶洞与隧道距离为 3 m 时，溶洞分布于左右两侧拱腰的位置对隧道围岩的稳定性最不利，此时拱顶位移达到了 -20.21 mm。当溶洞与隧道距离为 5 m 时，溶洞分布于左右两侧拱腰的位置对隧道围岩的稳定性最不利，此时拱顶位移达到了 -21.07 mm。当溶洞与隧道距离为 7 m 时，溶洞分布于右拱肩以及右拱腰的位置对隧道围岩的稳定性最不利，此时拱顶位移达到了 -20.05 mm。当溶洞与隧道距离为 9 m 时，溶洞分布于左拱肩以及左拱腰的位置对隧道围岩的稳定性最不利，此时拱顶位移达到了 -20.64 mm。

综上所述，就位移而言，一般溶洞位于拱腰及拱肩处，为最不利分布。溶洞位于拱顶则相对最为有利，此时拱顶位移值偏小，对隧道围岩的稳定性影响较小。

4.3.3 溶洞分布距离对隧道围岩应力的影响分析

按照表 4.2 所列 6 种工况，通过在隧道不同位置分别布置不同距离（距离分别为 1 m、3 m、5 m、7 m、9 m）的溶洞，计算隧道围岩的应力情况，根据数值模拟计算结果得到隧道围岩各测点主应力随溶洞分布距离的变化规律，如图 4.10 所示。

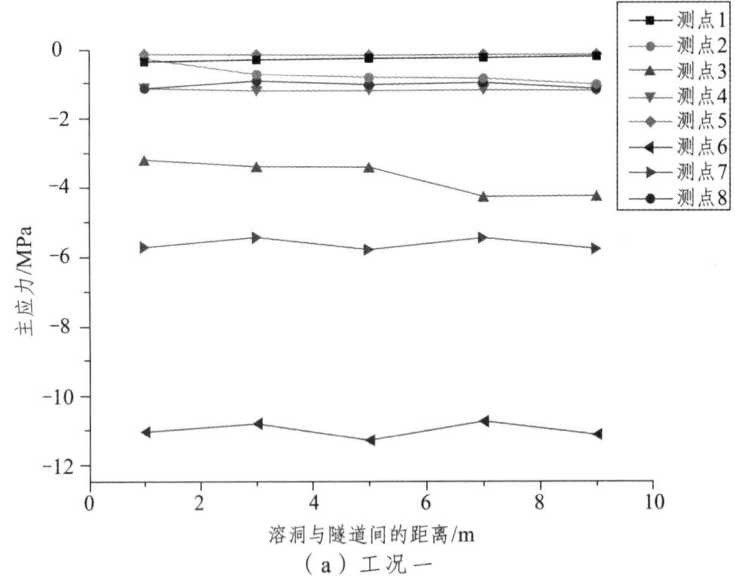

(a) 工况一

4 小三峡岩溶隧道围岩岩体水力模型研究

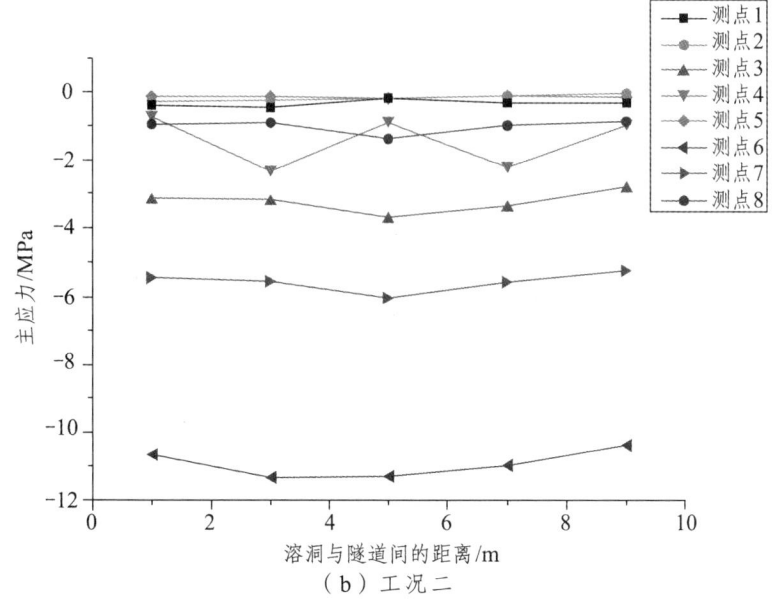

(b) 工况二

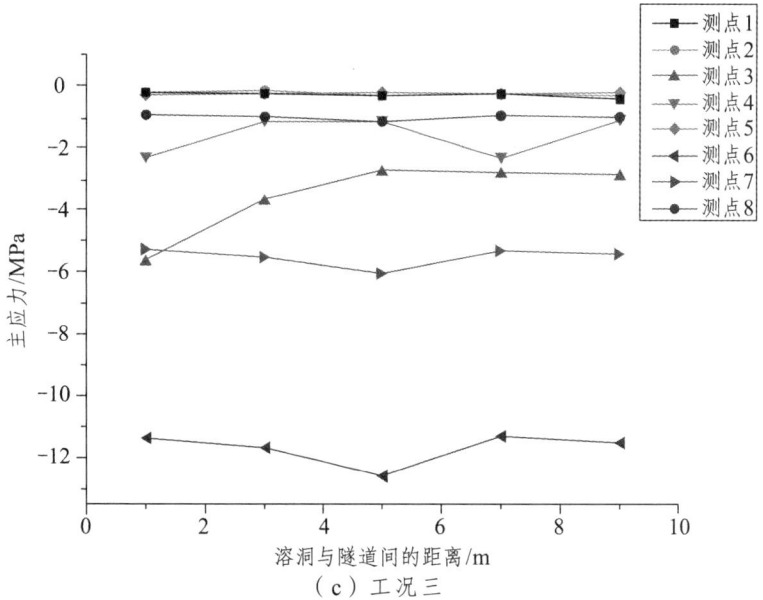

(c) 工况三

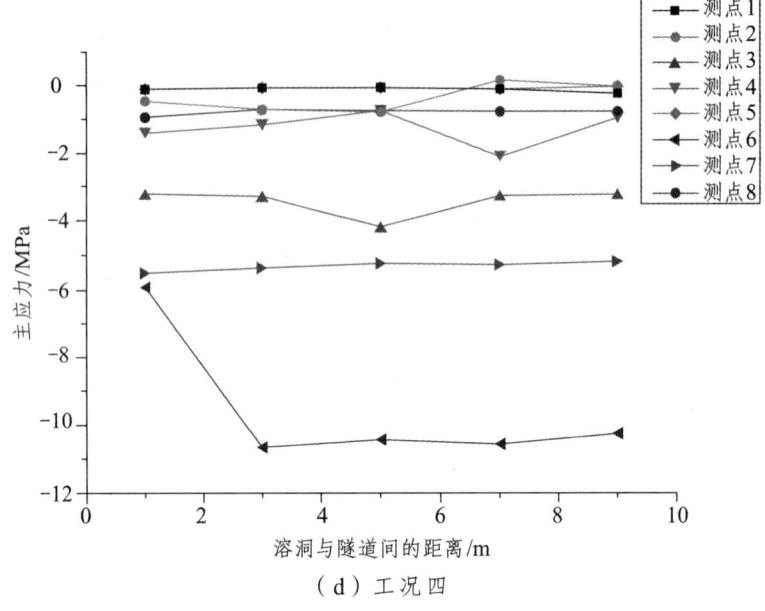

（d）工况四

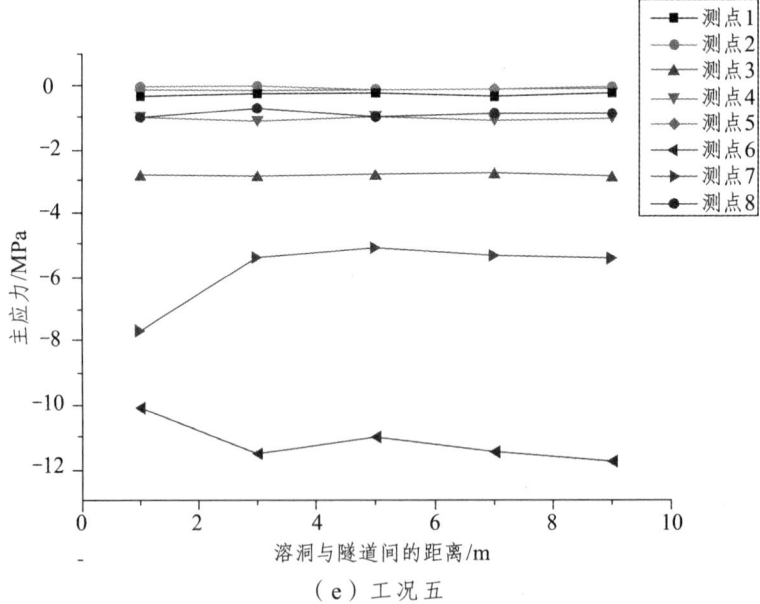

（e）工况五

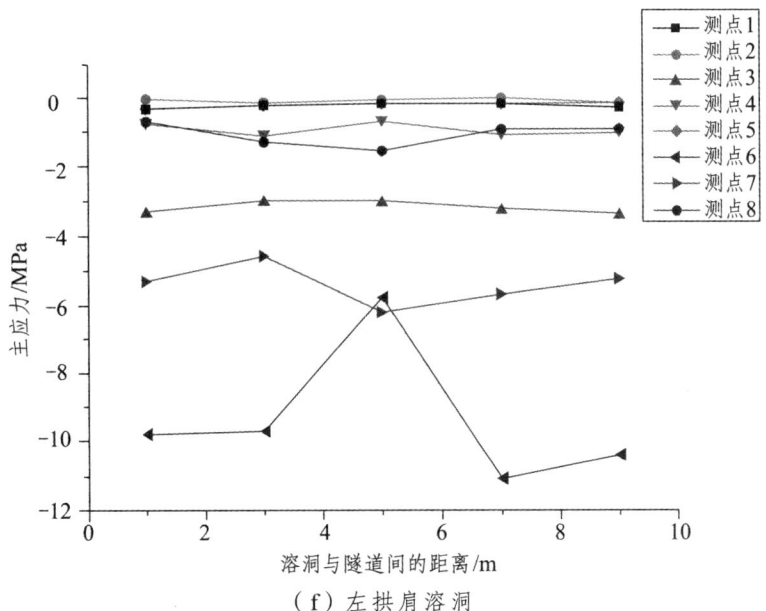

（f）左拱肩溶洞

图 4.10　不同工况条件下隧道围岩主应力随溶洞分布距离的变化规律

由图可知：当溶洞位于拱顶、右拱肩时，隧道围岩的应力随溶洞与隧道间的距离变化并不明显，而当溶洞位于右拱腰、左拱腰、左拱肩以及拱底时，隧道围岩的应力随溶洞与隧道间的距离变化有较为明显的变化。这是由于当溶洞分布于拱顶、右拱肩时，此时围岩的受力并未通过围岩裂隙直接作用于隧道围岩的各个监测点，而当溶洞分布于右拱腰、左拱腰、左拱肩以及拱底时，围岩的受力通过围岩裂隙直接作用于隧道围岩的各个监测点，进而导致围岩的应力随距离分布有明显变化。但无论溶洞位于哪个方位，隧道围岩的主应力以左拱脚最大，而隧道上部各个测点的主应力值较小，因此在施工过程中，要尤其注意拱脚和拱腰的位置，因为岩体节理的分布，在这些位置容易产生应力集中，发生剪切破坏。

4.3.4　溶洞分布位置对隧道围岩应力的影响分析

按照表 4.2 所列 6 种工况，通过在隧道不同位置分别布置不同距离

（距离分别为 1 m、3 m、5 m、7 m、9 m）的溶洞，计算隧道围岩的变形情况，根据数值模拟计算结果得到隧道围岩各测点主应力随溶洞分布位置的变化规律，如图 4.11 所示。

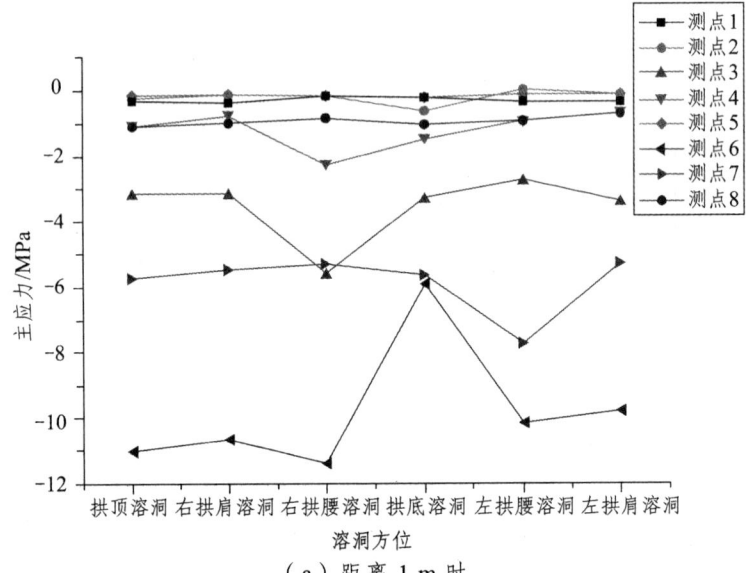

（a）距离 1 m 时

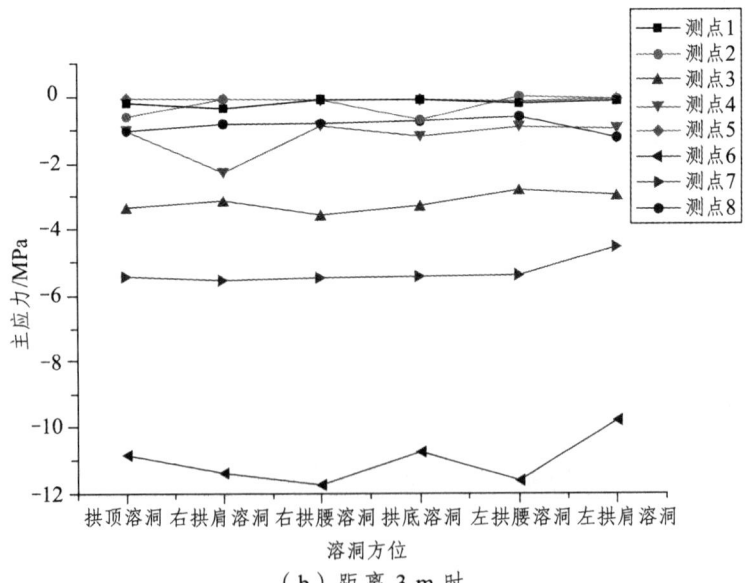

（b）距离 3 m 时

4 小三峡岩溶隧道围岩岩体水力模型研究

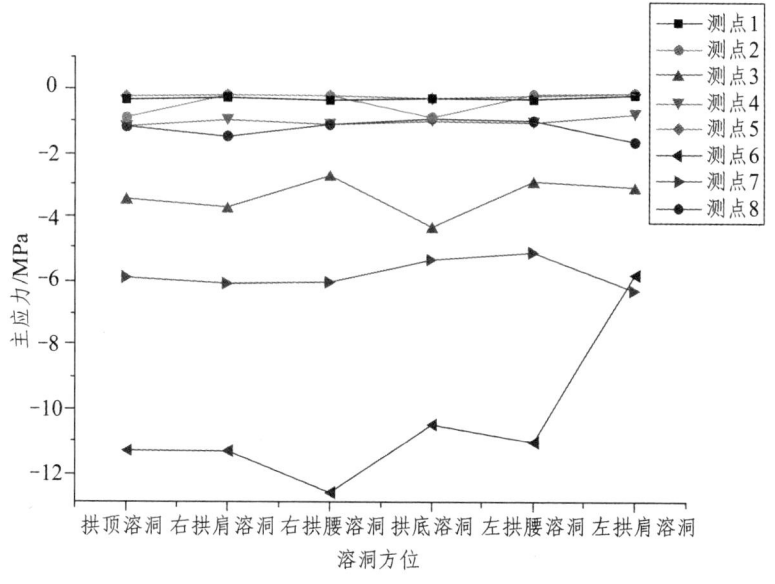

(c) 距离 5 m 时

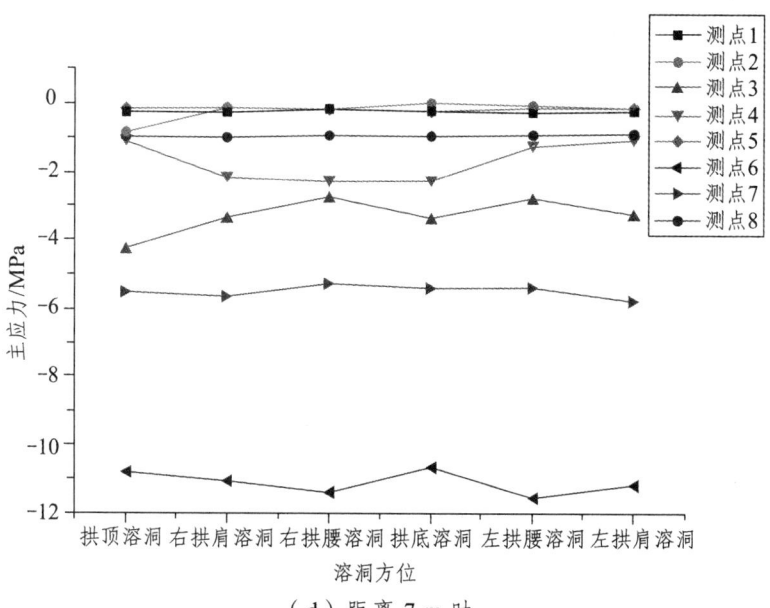

(d) 距离 7 m 时

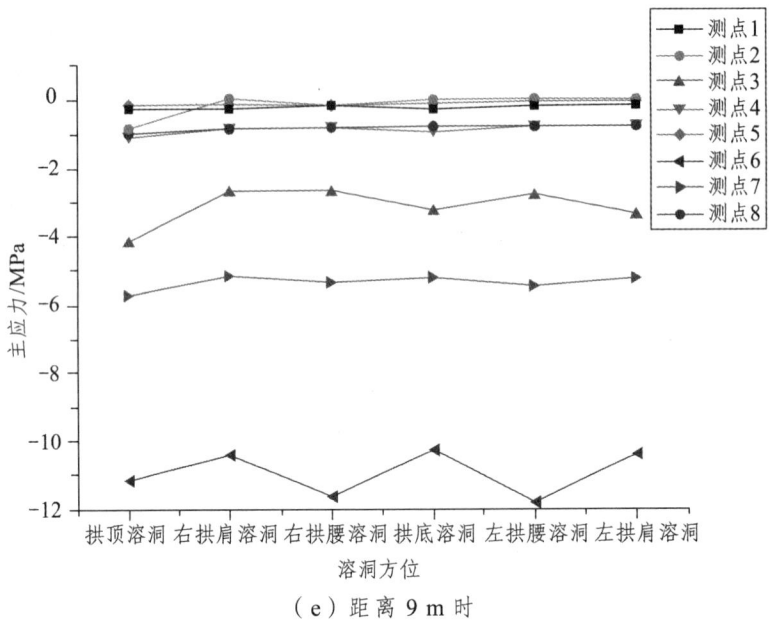

(e)距离 9 m 时

图 4.11 隧道围岩各测点主应力随溶洞分布位置的变化规律

由图 4.11 可知:当溶洞距离隧道 1 m 时,隧道围岩各个测点应力随溶洞分布位置变化的影响较大,而随着溶洞分布距离的增大,溶洞分布位置对于隧道围岩的应力影响在减小。当溶洞与隧道的距离一定,溶洞分布于左右拱腰时,隧道围岩左拱脚处的应力较大,因此在施工中,若遇到溶洞位于隧道拱腰两侧,应当加强隧道拱脚及拱腰的强度,此时拱脚的受力较溶洞分布于其他方位应力大。

综上所述,一般溶洞位于拱腰及拱肩处,为最不利分布。而该洞位于拱顶则相对最为有利,此时拱顶位移值偏小,应力值也略微偏小,对隧道围岩的稳定性影响较小。

4.4 岩溶隧道隐伏充水溶洞的围岩力学特性

当隧道周边隐伏溶洞为充水溶洞时,采用隧道围岩水力分析模型进

4 小三峡岩溶隧道围岩岩体水力模型研究

行计算时,由于溶洞洞壁四周作用有水压力,因此在溶洞四周需要加设均布静水压力。由于溶洞较小,故不考虑溶洞高度方向的水力梯度变化,将其水压等效为溶洞中心点的水压力。据郑万铁路小三峡隧道前期地勘资料,取地下水位位于隧道拱顶上方 50 m 处,溶洞内的静水压力根据溶洞不同的分布位置计算得到,具体如表 4.4 所示。

表 4.4 不同工况下充水溶洞的静水压力

溶洞距离/m	溶洞静水压力/MPa					
	工况一	工况二	工况三	工况四	工况五	工况六
1	0.465	0.490	0.5	0.659	0.5	0.490
3	0.445	0.480	0.5	0.679	0.5	0.480
5	0.425	0.470	0.5	0.699	0.5	0.470
7	0.405	0.460	0.5	0.719	0.5	0.460
9	0.385	0.450	0.5	0.739	0.5	0.450

然后将计算得到不同静水压力施加到溶洞的边界上,按照表 4.2 所列工况进行计算,计算完成后提取图 4.6 所示 8 个监测点的位移和应力数据进行分析。隧道围岩的典型位移和应力云图如图 4.12 所示。

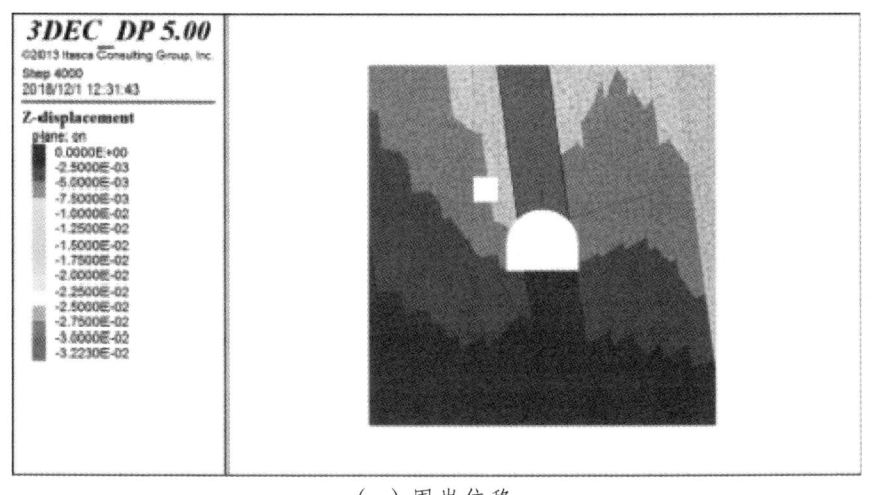

(a) 围岩位移

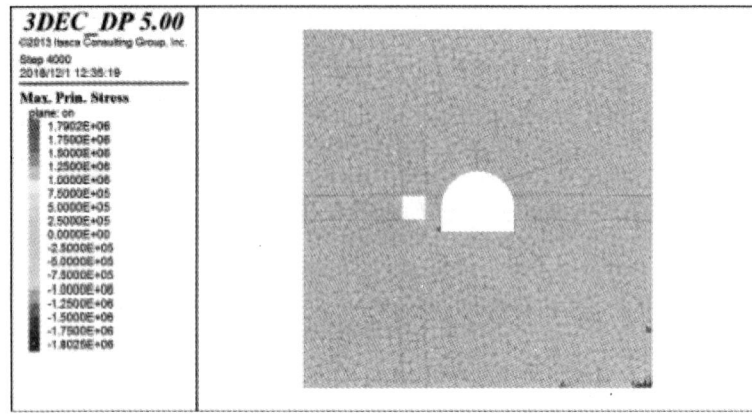

(b)围岩主应力

图 4.12 隐伏充水溶洞影响下隧道围岩典型位移和应力云图

由图可知:岩溶隧道围岩的竖向位移受岩体节理的影响较大,位移大小的分布图与隧道岩体第二组节理分布类似,这与第二组节理的分布有较大的关联,因为第二组节理较为竖直,导致应力沿着节理面传递;隧道左拱肩的竖向位移大于隧道右拱肩的竖向位移,但并未出现隧道两侧竖向位移对称的情况,这主要是由节理的分布不对称导致的。较大应力主要出现在隧道左右拱脚位置,这主要是由于节理分布的影响,基本机理同 4.3 节空溶洞情况,在此不再赘述;在充水溶洞的上方和下方有轻微的应力集中现象,这是由于溶洞内水压的影响,以及节理分布导致的应力集中。

限于篇幅,在此不对每种工况下的计算云图进行一一解释,下面将综合隧道围岩应力和变形计算结果,分析充水溶洞对隧道围岩变形和应力的影响。需要说明的是:在此分析时直接采用计算结果数据绘制的变化图进行阐述,各测点的位移和应力数值详见附录二。

4.4.1 充水溶洞分布距离对隧道围岩变形的影响分析

按照表 4.2 所列 6 种工况,通过在隧道不同位置分别布置不同距离(距离分别为 1 m、3 m、5 m、7 m、9 m)的充水溶洞,计算隧道围岩的变形情况，根据数值模拟计算结果得到隧道围岩各测点变形随充水溶洞分布距离的变化规律，如图 4.13 所示。

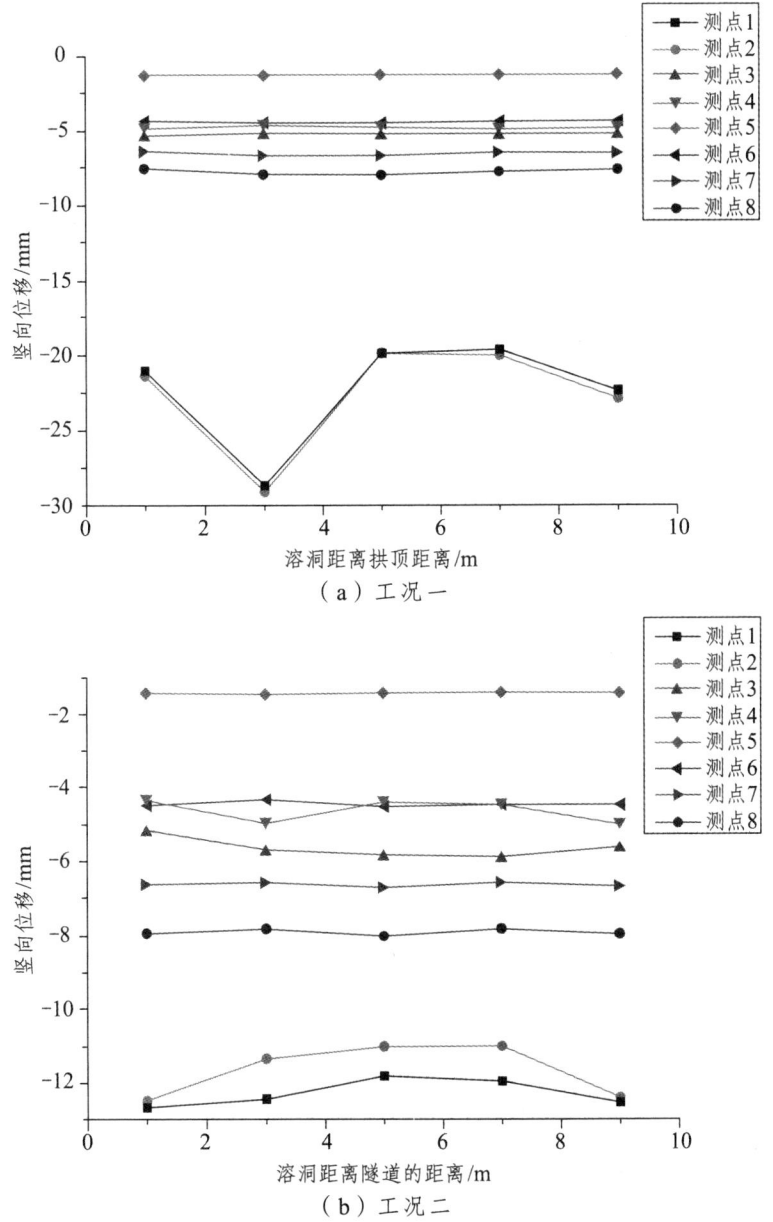

（a）工况一

（b）工况二

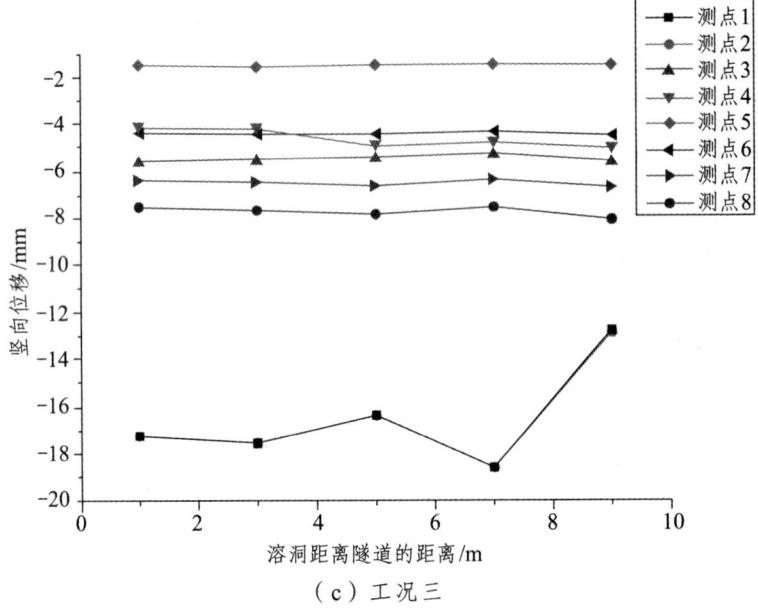

(c) 工况三

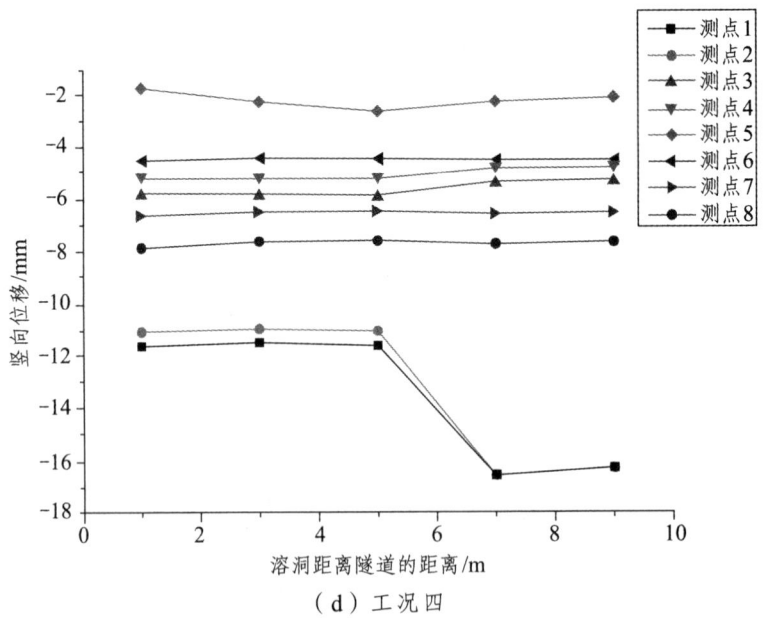

(d) 工况四

4 小三峡岩溶隧道围岩岩体水力模型研究

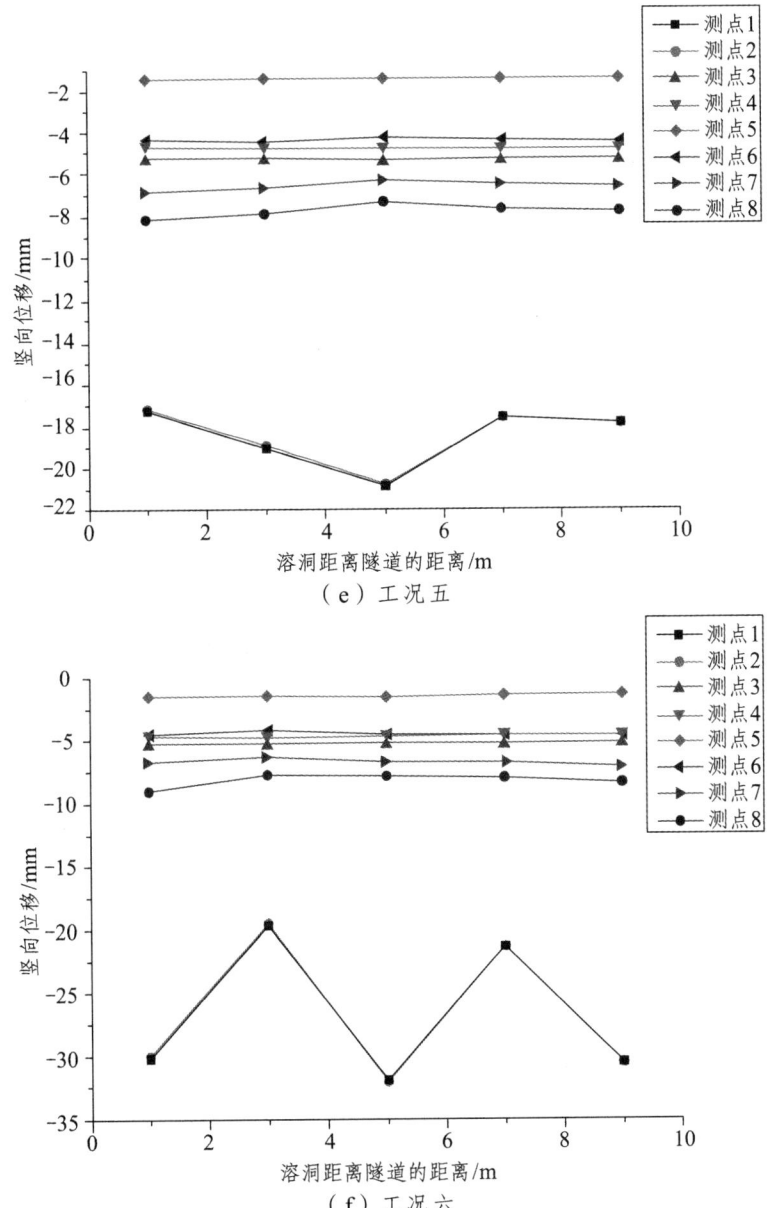

图 4.13 不同工况条件下隧道围岩竖向位移随充水溶洞分布距离的变化规律

由图可知：当充水溶洞位于拱顶上方时[图 4.13（a）]，右拱肩处的围岩变形最大，其次依次为拱顶处的位移、左拱肩处的位移、左拱腰处的位移、右拱腰处的位移、右拱脚处的位移、左拱脚处的位移、拱底处的位移。其中隧道围岩右拱肩处以及拱顶处的位移随溶洞与隧道间的距离变化有较为明显的变化,而隧道的左拱肩、两侧拱腰、两侧拱脚以及拱底的竖向位移随溶洞与隧道间距离变化无明显变化。隧道围岩的破坏以隧道围岩右拱肩处为最薄弱点(拱顶位移与右拱肩处位移十分接近),当溶洞距离隧道围岩拱顶 3 m 时,围岩变形最大,此时右拱肩处位移到达 – 29.05 mm(负号表示位移竖直向下)。两侧拱肩位移值并未出现对称的竖向位移,主要原因是岩体产状节理的分布、不同的倾角与倾向,导致了隧道围岩的应力分布不均匀,进而导致了各个对称测点的竖向位移的不同;而两侧拱腰及拱脚位移近似对称,结果表明岩体产状节理的分布对于隧道围岩拱顶及拱肩处的位移影响较大,而对于两侧拱腰及拱脚的影响较小。

当充水溶洞位于右拱肩时[图 4.13(b)],以拱顶处的位移最大,其次依次为右拱肩的位移、左拱肩的位移、左拱腰的位移、右拱腰的位移、左拱脚的位移、右拱脚的位移、拱底处的位移。隧道围岩拱顶处以及右拱肩处的位移随溶洞与隧道间的距离变化有较为明显的变化,而隧道的左拱肩、两侧拱腰、两侧拱脚以及拱底的竖向位移随溶洞与隧道间距离变化无明显变化。当溶洞距离隧道围岩右拱肩 1 m 时,围岩变形最大,最大竖向变形为 – 12.48 mm。

当充水溶洞位于右拱腰时[图 4.13(c)],以拱顶和右拱肩处的位移最大,其次依次为左拱肩的位移、左拱腰的位移、右拱腰的位移、左拱脚的位移、右拱脚的位移、拱底处的位移。隧道围岩拱顶处以及右拱肩处的位移随溶洞与隧道间的距离变化有较为明显的变化,而隧道的左拱肩、两侧拱腰、两侧拱脚以及拱底的竖向位移随溶洞与隧道间距离变化无明显变化。当溶洞距离隧道围岩右拱肩 7 m 时,围岩变形最大,最大变形位于右拱肩处且最大竖向变形为 – 18.64 mm。

当充水溶洞位于隧道拱底下方时[图 4.13(d)],以拱顶位移最大,其次依次为右拱肩的位移、左拱肩的位移、左拱腰的位移、右拱腰的位移、右拱脚的位移、左拱脚的位移、拱底处的位移。隧道围岩拱顶处、右拱肩处、拱底处的位移随溶洞与隧道间的距离变化有较为明显的变化,而隧道的左拱肩、两侧拱腰以及两侧拱脚的竖向位移随溶洞与隧道间距离变化无明显变化。当溶洞距离隧道围岩右拱肩 7 m 时，围岩变形最大，最大变形位于拱顶处且最大竖向变形为 -16.55 mm。

当溶洞位于隧道左拱腰处时[图 4.13（e）]，以拱顶和右拱肩处的位移最大，其次依次为左拱肩的位移、左拱腰的位移、右拱腰的位移、右拱脚的位移、左拱脚的位移、拱底处的位移。隧道围岩拱顶处以及右拱肩处的位移随溶洞与隧道间的距离变化有较为明显的变化，而隧道的左拱肩、两侧拱腰、两侧拱脚以及拱底的竖向位移随溶洞与隧道间距离变化无明显变化。当溶洞距离隧道围岩右拱肩 5 m 时，围岩变形最大，最大变形位于拱顶处且最大竖向变形为 -20.81 mm。

当充水溶洞位于隧道左拱肩处时[图 4.13（f）]，以拱顶和右拱肩处的位移最大，其次依次为左拱肩的位移、左拱腰的位移、右拱腰的位移、右拱脚的位移、左拱脚的位移、拱底处的位移。隧道围岩拱顶处以及右拱肩处的位移随溶洞与隧道间的距离变化有较为明显的变化，而隧道的左拱肩、两侧拱腰、两侧拱脚以及拱底的竖向位移随溶洞与隧道间距离变化无明显变化。当溶洞距离隧道围岩右拱肩 5 m 时，围岩变形最大，最大变形位于右拱肩处且最大竖向变形为 -31.96 mm。

综上所述，充水溶洞隧道围岩的测点位移最大值一般都位于拱顶和右拱肩处，因此判断隧道拱顶、右拱肩为围岩的最易破坏点，其中以充水溶洞分布于左拱肩，距离左拱肩 5 m 时，位移最大。充水溶洞除了右拱肩和拱顶，其他位置随分布距离变化的波动特别小，值得一提的是拱底充水溶洞对隧道拱底的竖向位移产生了影响，而非充填溶洞是没有这一现象的。充水溶洞的分布距离对于围岩并未呈现有规律的变化趋势，而是处于一个波动的情况，产生波动的主要原因是隧道围岩的产状节理影响，不同分布距离的充水溶洞，截断的产状节理不同，进而导致各个测点的岩体受力发生了变化，因此出现了竖向位移不规律波动的情况。

4.4.2 充水溶洞分布位置对隧道围岩变形的影响分析

按照表 4.2 所列 6 种工况，通过在隧道不同位置分别布置不同距离（距离分别为 1 m、3 m、5 m、7 m、9 m）的充水溶洞，计算隧道围岩的变形情况，根据数值模拟计算结果得到隧道围岩各测点变形随溶洞分布位置的变化规律，如图 4.14 所示。

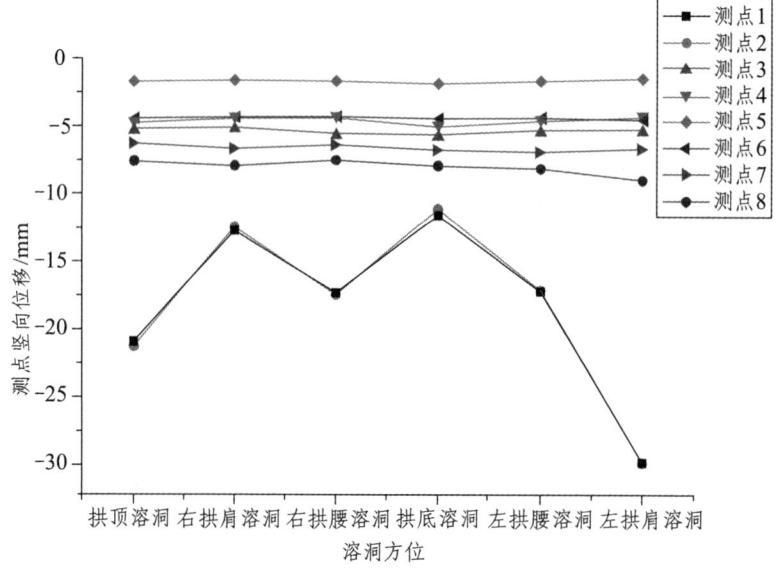

（a）距离 1 m 时

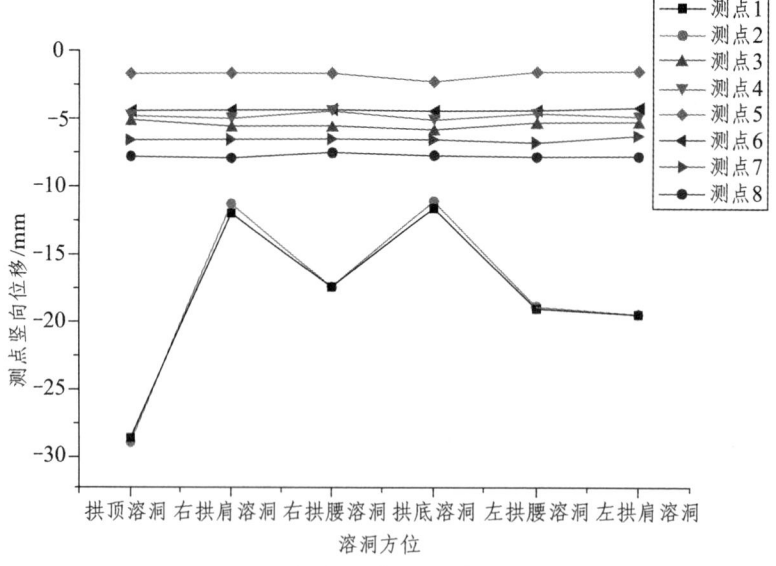

（b）距离 3 m 时

4 小三峡岩溶隧道围岩岩体水力模型研究

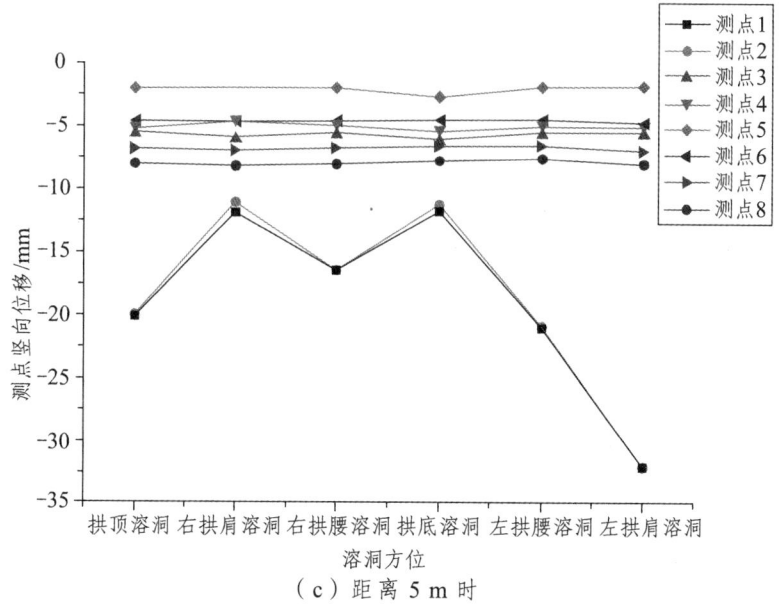

(c) 距离 5 m 时

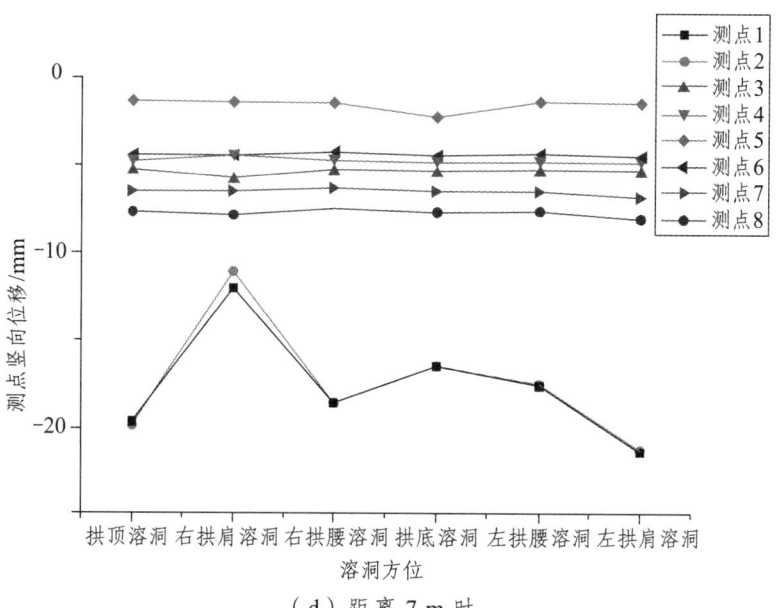

(d) 距离 7 m 时

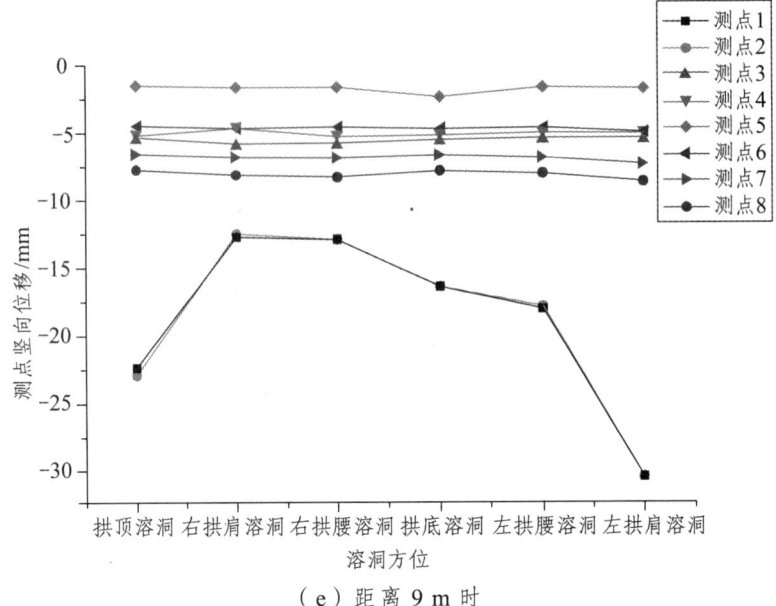

(e) 距离 9 m 时

图 4.14　隧道围岩各测点变形随溶洞分布位置的变化规律

由图可知：从充水溶洞的分布方位来看，当充水溶洞位于拱顶和左拱肩的位置时，拱顶和右拱肩处的监测点的竖向位移最大，且最大竖向变形为 -31.96 mm，因为当充水溶洞位于拱顶上方和左拱肩时，岩体的产状节理正好通过溶洞和拱顶及右拱肩监测点的位置，所以此时拱顶和右拱肩的位移较大。在施工的过程中，当探测到充水溶洞位于拱顶和左拱肩时，应当更加引起重视，因为此时隧道围岩产生的位移较大。容易引发安全事故。仅当充水溶洞位于拱底下方时，此时拱底位移有明显增大。充水溶洞不同分布位置对隧道围岩左拱肩、左右拱腰、左右拱脚处的竖向位移影响不明显。

4.4.3　空溶洞与充水溶洞对隧道围岩变形影响的对比分析

为了分析非充填溶洞和充水型溶洞对隧道围岩影响的差异性，将

4.3.1 节的计算结果与 4.4.2 节计算结果进行对比分析。根据前面研究成果可知：对于空溶洞和充水溶洞情况下，隧道围岩中测点 1 处的竖向位移最大，因而在此选择测点 1 进行对比分析，对比结果如图 4.15 所示。

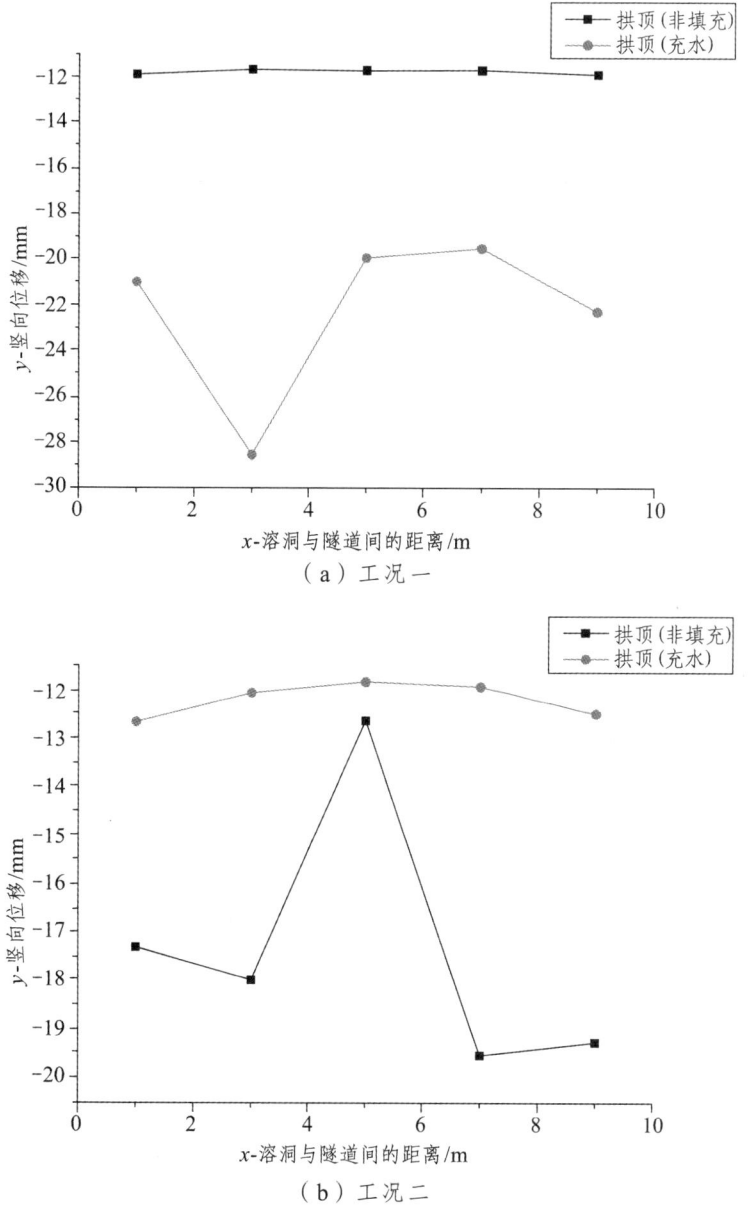

（a）工况一

（b）工况二

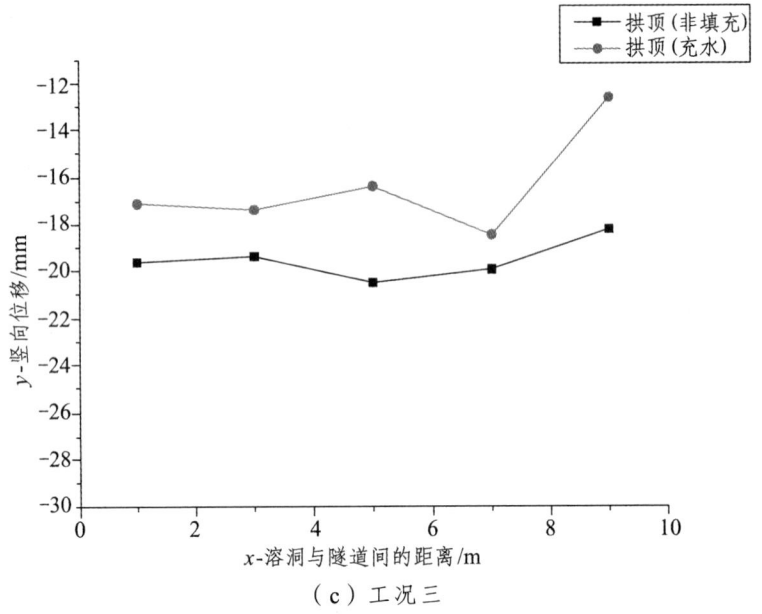

（c）工况三

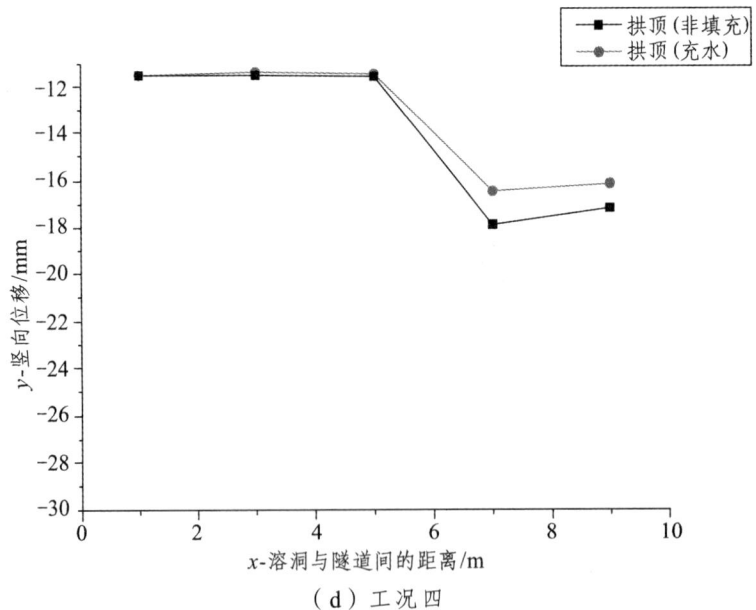

（d）工况四

4 小三峡岩溶隧道围岩岩体水力模型研究

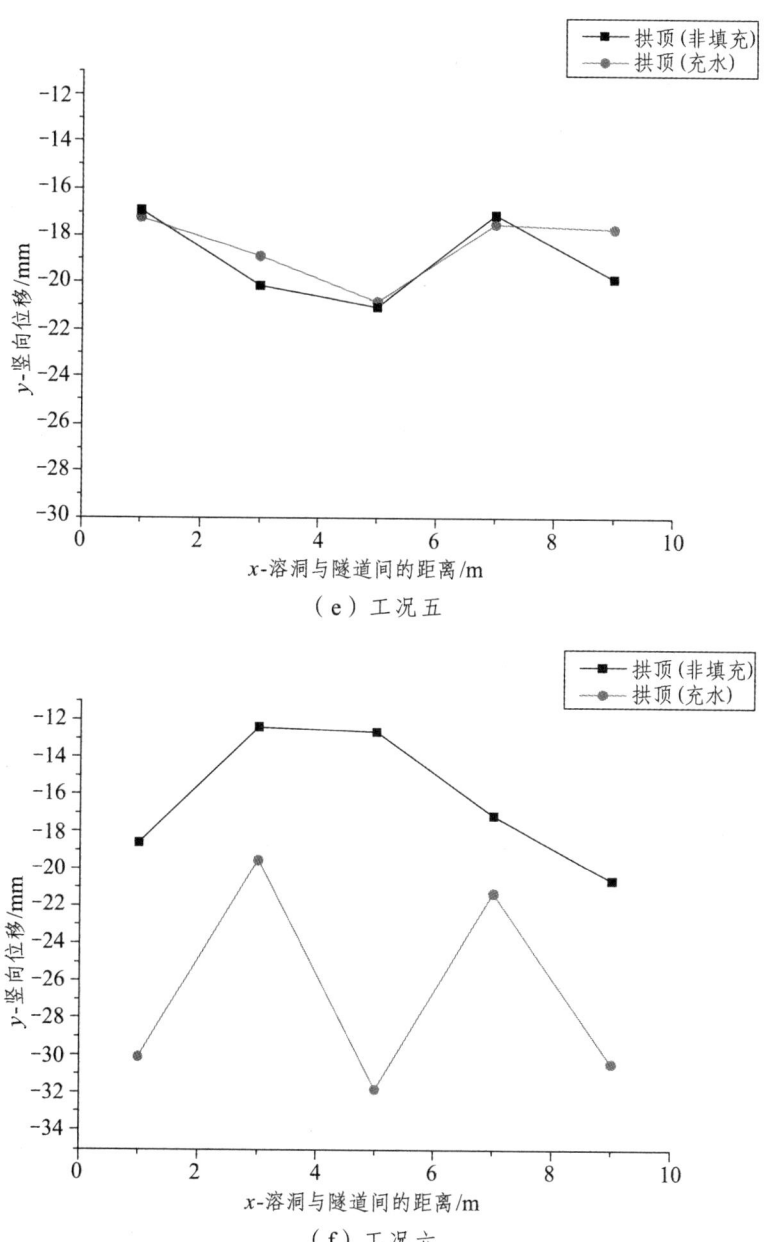

（e）工况五

（f）工况六

图 4.15 不同工况下空溶洞和充填溶洞影响下测点 1 的竖向位移比较

由图可知：当溶洞分布于拱顶和左拱肩时，充水溶洞对隧道围岩变形的影响较大，而当溶洞位于右拱肩、右拱腰时，非充填溶洞对隧道围岩变形的影响较大，当溶洞位于拱底和左拱腰时，充水与非充填溶洞对隧道围岩变形的影响相差不大；充水溶洞位于拱顶和左拱肩时，竖向位移随分布距离的波动较大，是由充水溶洞所在的位置和产状节理的位置相交错于不同位置而引起的，在施工过程中应当尤其关注位于拱顶、左拱肩处的充水溶洞，此刻的围岩的竖向位移较大，易发生突水等问题。

4.4.4 充水溶洞分布距离对隧道围岩应力的影响分析

按照表 4.2 所列 6 种工况，通过在隧道不同位置分别布置不同距离（距离分别为 1 m、3 m、5 m、7 m、9 m）的充水溶洞，计算隧道围岩的应力情况，根据数值模拟计算结果得到隧道围岩各测点主应力随充水溶洞分布距离的变化规律，如图 4.16 所示。

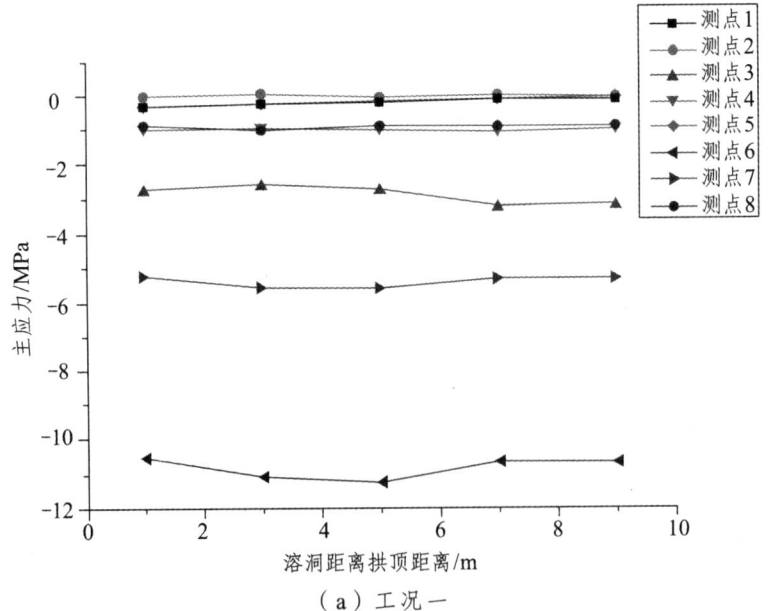

(a) 工况一

4　小三峡岩溶隧道围岩岩体水力模型研究

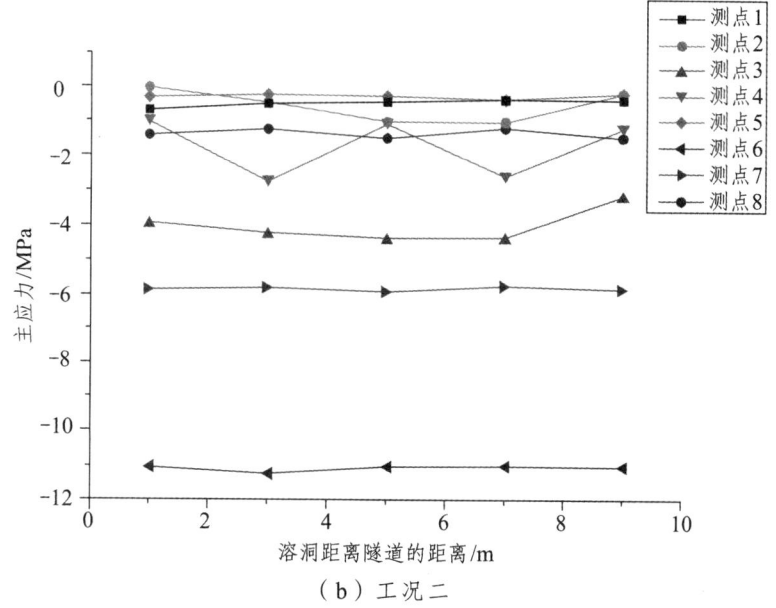

（b）工况二

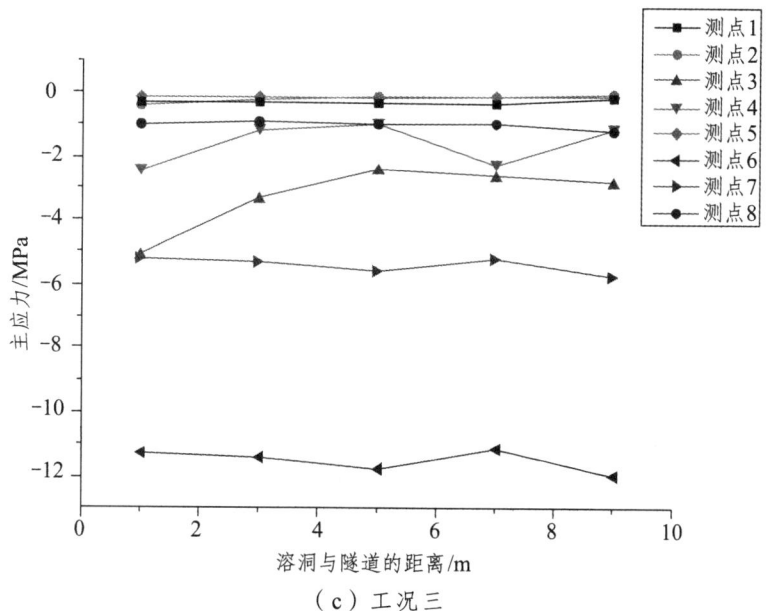

（c）工况三

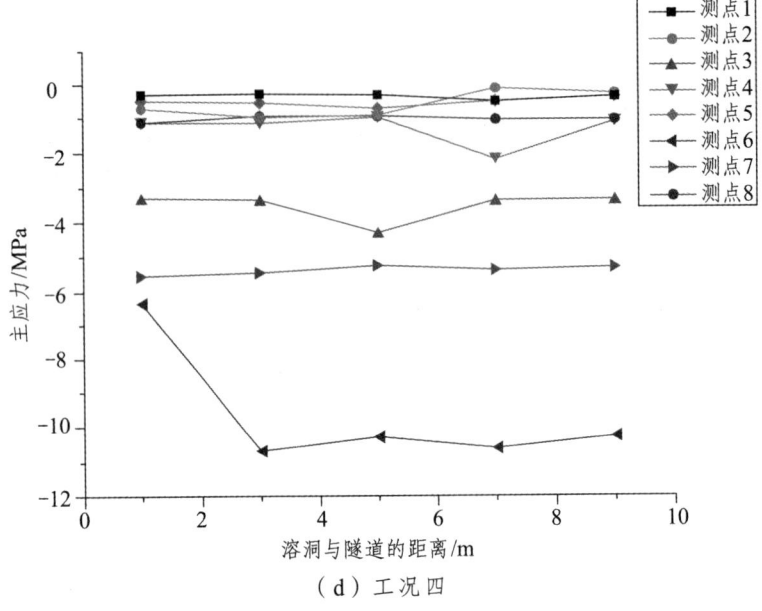

（d）工况四

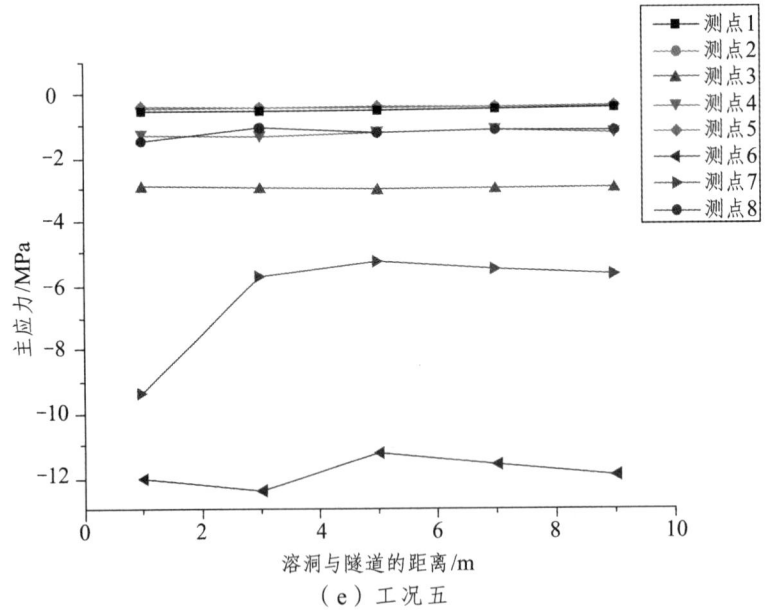

（e）工况五

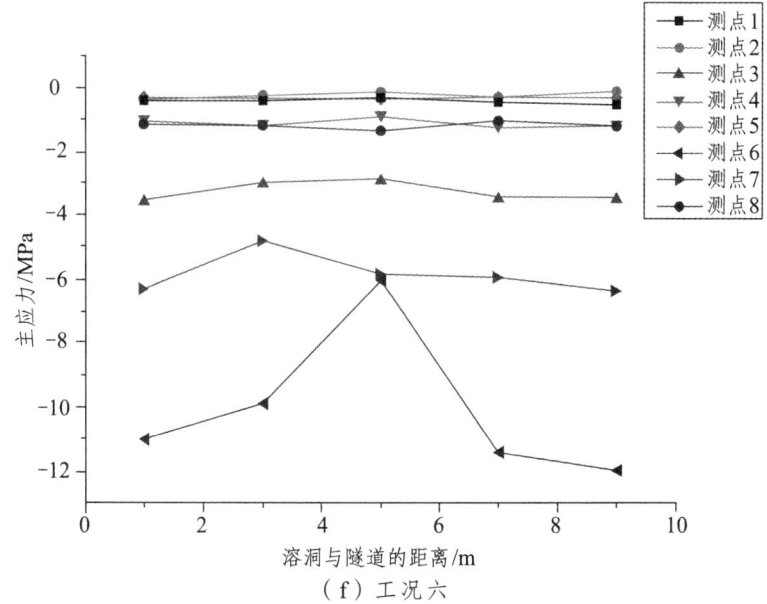

（f）工况六

图 4.16　不同工况条件下隧道围岩主应力随充水溶洞分布距离的变化规律

由图可知：当溶洞位于拱顶、右拱肩时，隧道围岩的应力随溶洞与隧道间的距离变化并不明显，而当溶洞位于右拱腰、左拱腰、左拱肩以及拱底时，隧道围岩的应力随溶洞与隧道间的距离变化有较为明显的变化，这是由于当溶洞分布于拱顶、右拱肩时，围岩的受力并未通过围岩裂隙直接作用于隧道围岩的各个监测点；当溶洞分布于右拱腰、左拱腰、左拱肩以及拱底时，围岩的受力通过围岩裂隙直接作用于隧道围岩的各个监测点，进而导致围岩的应力随距离分布有明显变化，这与非充填溶洞的结论较为一致。

4.4.5　充水溶洞分布位置对隧道围岩应力的影响分析

按照表 4.2 所列 6 种工况，通过在隧道不同位置分别布置不同距离（距离分别为 1 m、3 m、5 m、7 m、9 m）的充水溶洞，计算隧道围岩的变形情况，根据数值模拟计算结果得到隧道围岩各测点主应力随充水溶洞分布位置的变化规律，如图 4.17 所示。

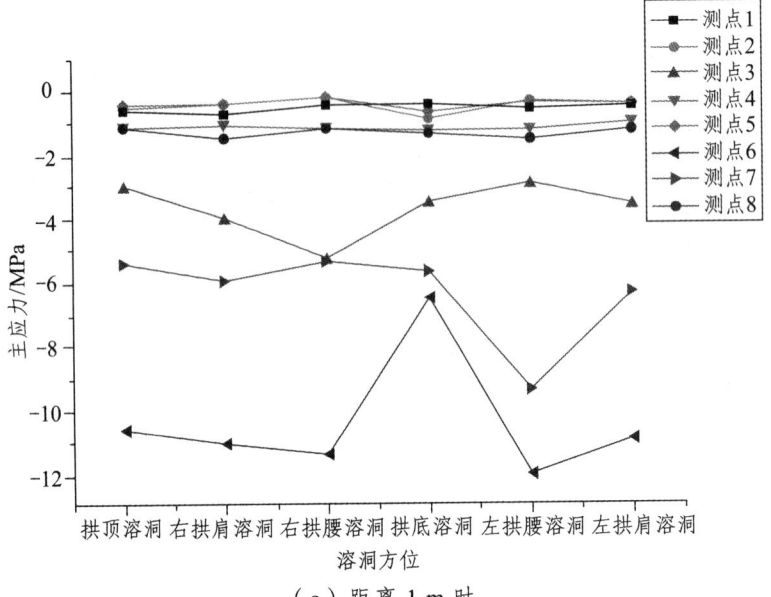

（a）距离 1 m 时

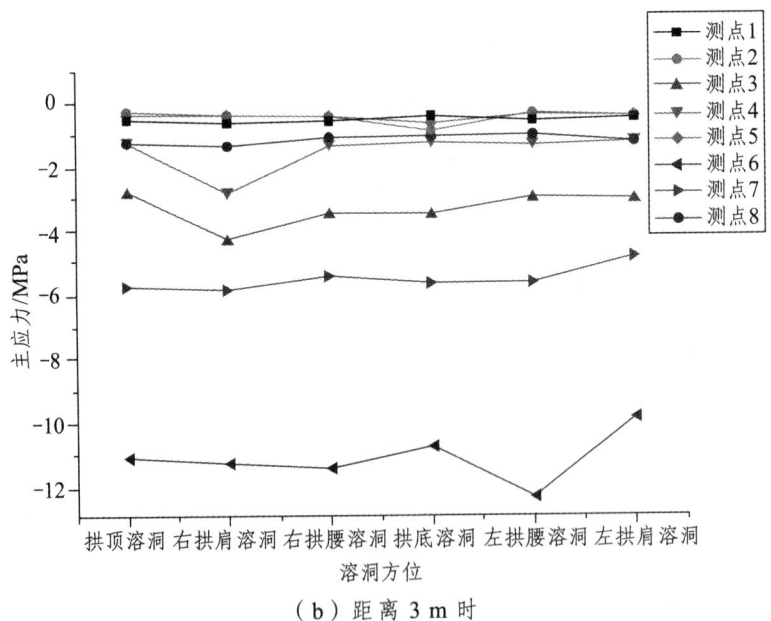

（b）距离 3 m 时

4 小三峡岩溶隧道围岩岩体水力模型研究

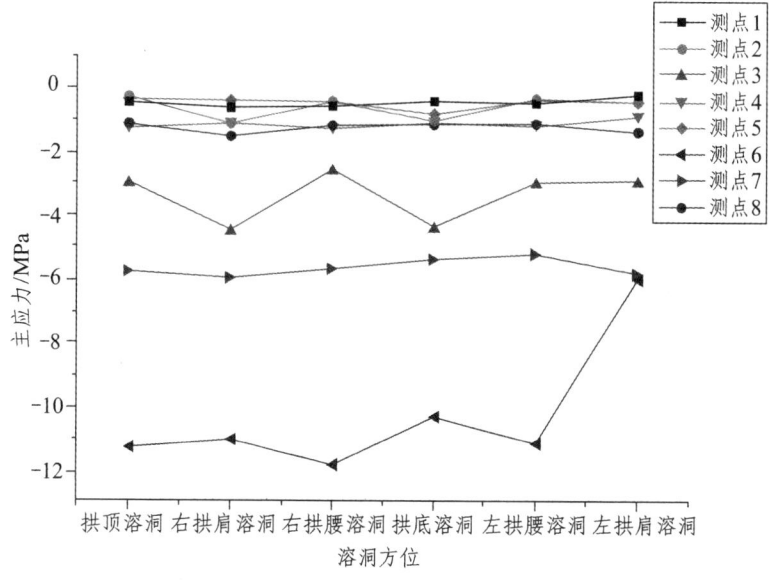

(c) 距离 5 m 时

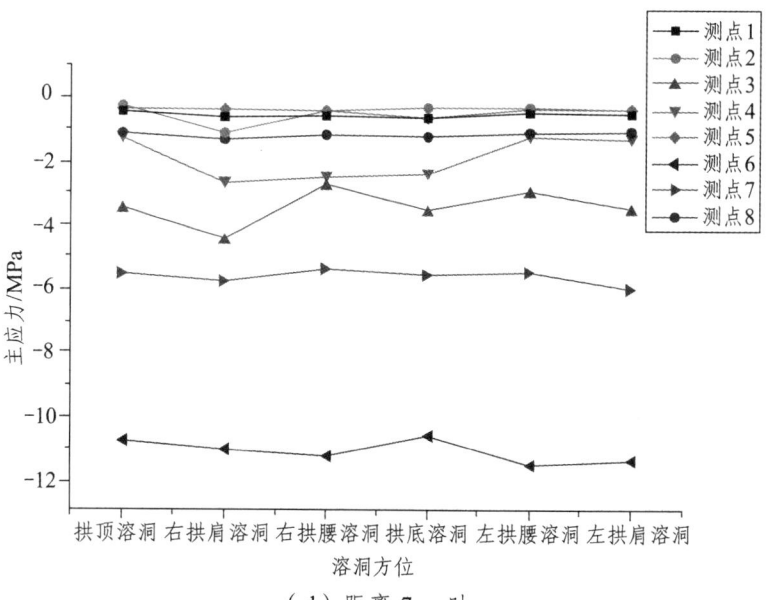

(d) 距离 7 m 时

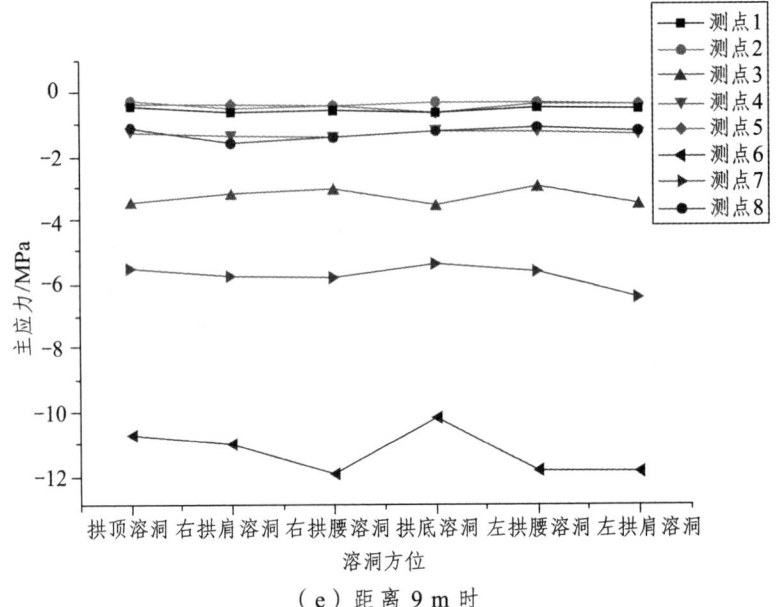

(e) 距离 9 m 时

图 4.17 隧道围岩各测点变形随充水溶洞分布位置的变化规律

由图可知：当溶洞距离隧道 1 m 时，隧道围岩各个测点主应力受溶洞分布位置的影响较大，随着溶洞与隧道距离增大，方位对隧道的影响在减小，且各个测点的应力值较空溶洞时的应力值大，这是由于充水溶洞分布得越近，充水溶洞的水压对于隧道围岩的影响越大；当充水溶洞距离隧道较近，且位于左拱腰时，隧道围岩的左拱脚应力、左拱腰应力较大，因此富压充水溶洞距离隧道较近时，应当引起重视，且要提防拱脚处的应力集中，发生破坏。

4.4.6 空溶洞与充水溶洞对隧道围岩应力影响的对比分析

为了分析非充填溶洞和充水型溶洞对隧道围岩影响的差异性，将 4.3.3、4.3.4 节的计算结果与 4.4.4 和 4.4.5 节计算结果进行对比分析。根据前面研究成果可知：在空溶洞和充水溶洞情况下，隧道围岩中测点 6

处的围岩主应力最大,因而在此选择测点 6 进行对比分析,对比结果如图 4.18 所示。

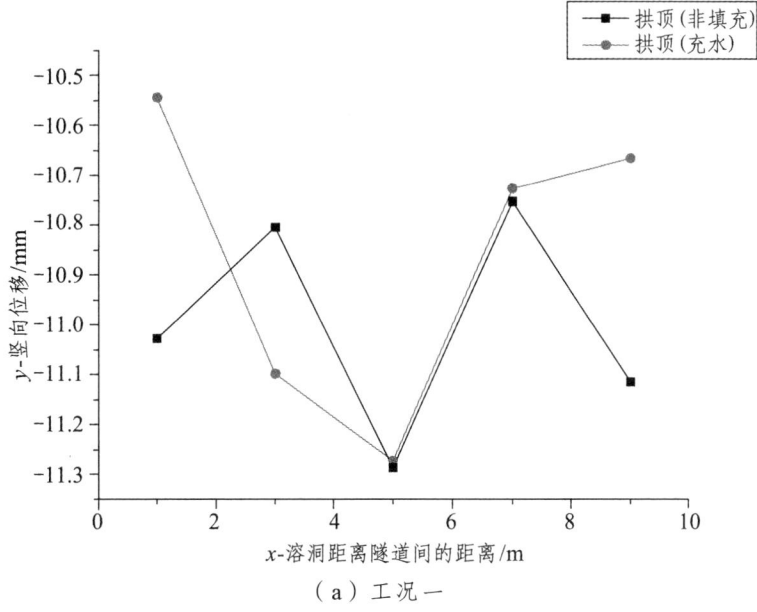

(a) 工况一

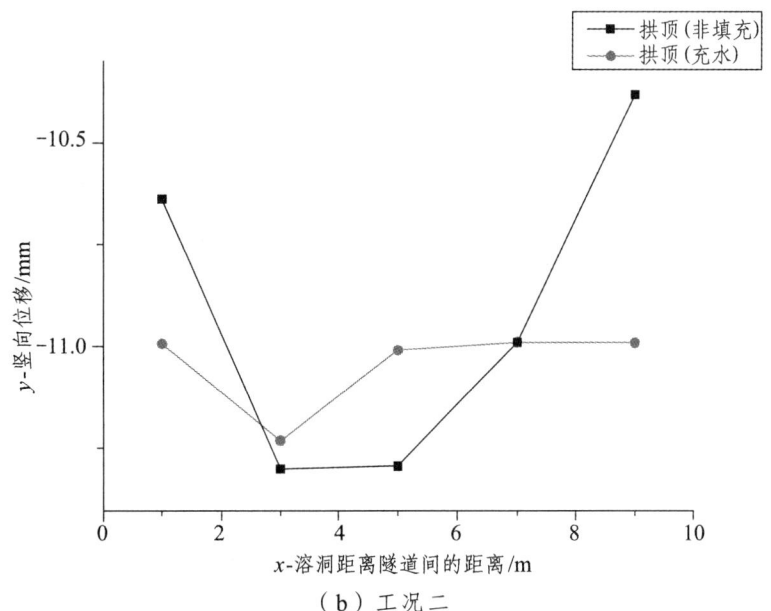

(b) 工况二

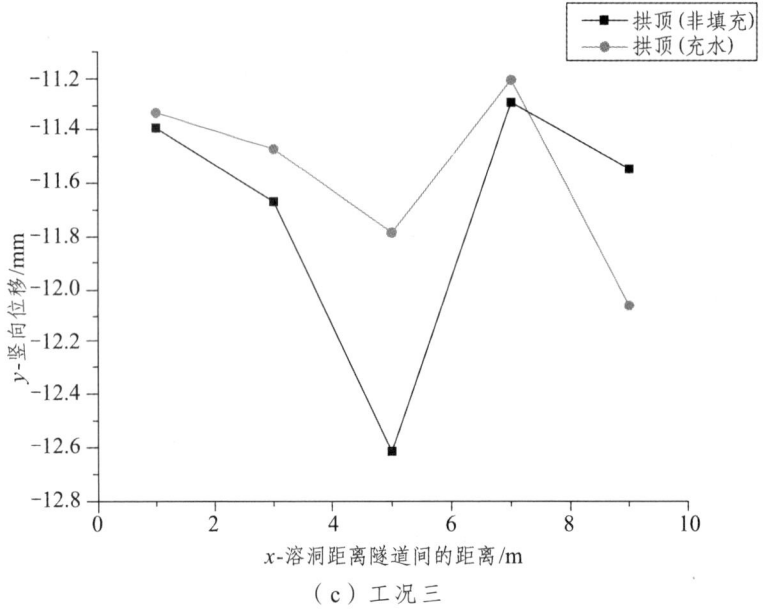

(c)工况三

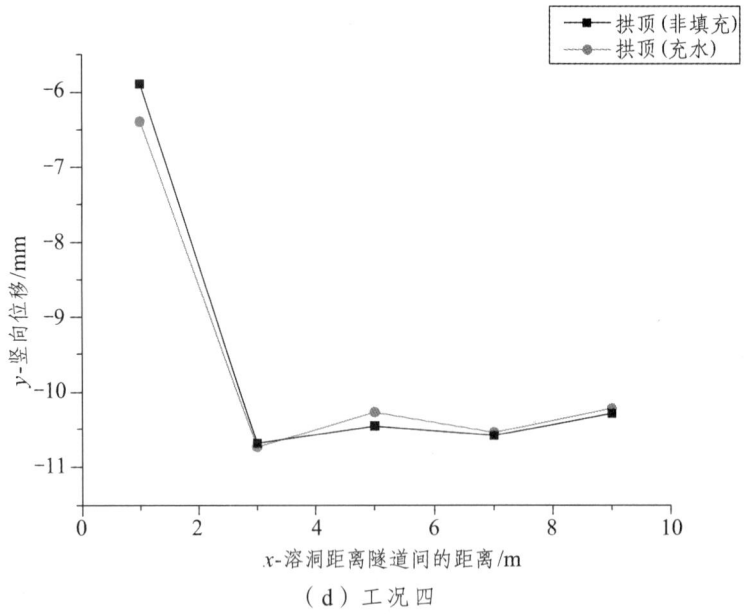

(d)工况四

4 小三峡岩溶隧道围岩岩体水力模型研究

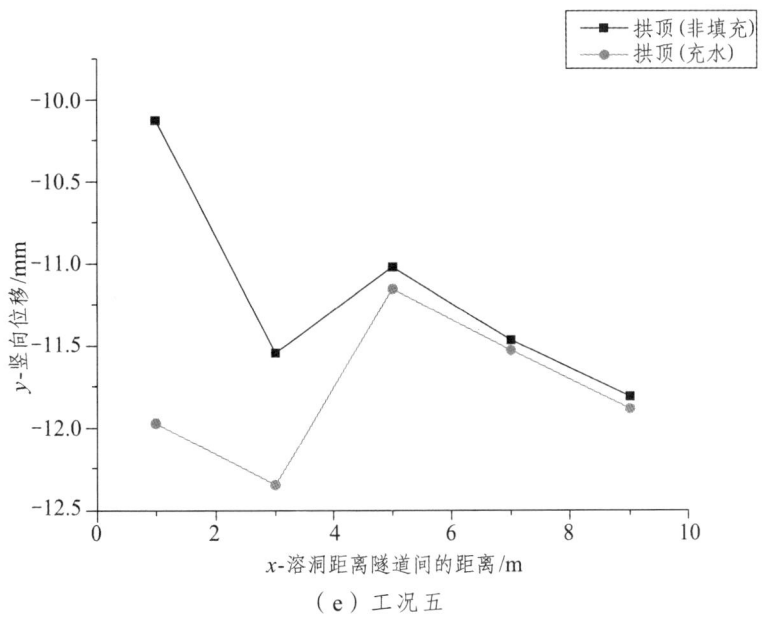

(e) 工况五

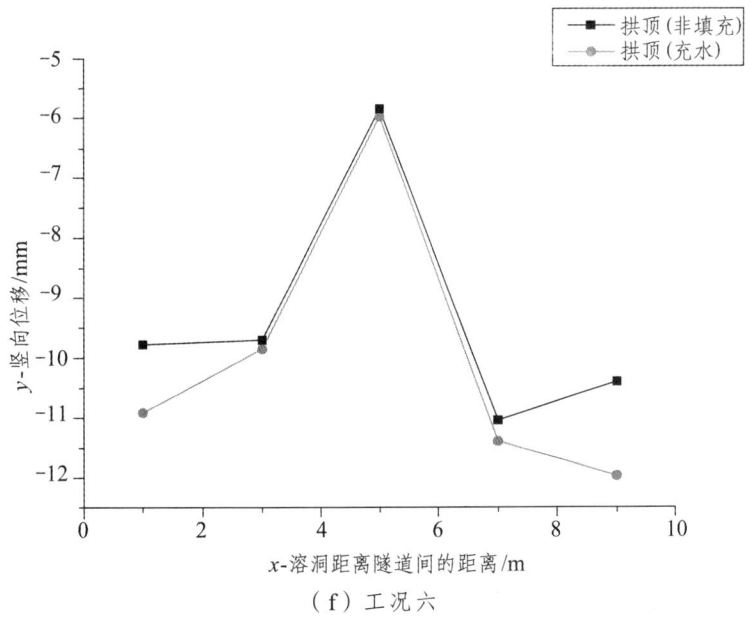

(f) 工况六

图 4.18 不同工况下空溶洞和充填溶洞影响下测点 6 的主应力比较

由图可知：当溶洞位于拱底和左拱肩时，非充填溶洞和充水溶洞在左拱脚处的应力相差不大，走势也大致相同；当溶洞位于左拱腰时，充水溶洞在左拱脚处应力大于非充填溶洞在左拱脚处的应力，这是由于充水溶洞的水压影响；当溶洞位于拱顶、右拱肩、右拱腰时，充水溶洞与非充填溶洞在左拱脚处的应力随溶洞与隧道距离的变化出现交错现象，这是由于溶洞分布远离隧道左拱脚，受力也无法直接沿岩体节理作用于左拱脚。因此，就应力而言，在施工过程中，当充水溶洞位于隧道两侧拱腰时，要防止隧道拱脚出现破坏。

4.5 考虑渗流场和隐伏充水溶洞的岩溶隧道围岩力学特性

4.5.1 节理岩体隧道渗流场模型的建立

根据小三峡地勘资料，本书结合高水压富水区节理岩体隧道的修建过程和特点，建立节理岩体隧道渗流数值模型，模拟施工过程中节理岩体隧道的渗流场。建立的各工况数值模型主要包括初始渗流场模型、毛洞渗流场模型。

岩体经过多次构造作用后，其内部的裂隙、断层等结构构造就会变得十分复杂，从而导致研究节理岩体地下水介质的性质变得错综复杂。在裂隙岩体中，一般可能同时存在固体、液体、气体，流体在节理岩体中的运动非常复杂，所以在建立节理岩体隧道渗流场模型时，需要对实际问题进行合理的简化，以实现对工程实际的模拟。在此建立岩溶隧道渗流场模型时，采用如下简化方法：

（1）认为流体是可不压缩的，忽略应力场的作用，只研究渗流场。

（2）认为岩块不透水，流体只在裂隙中运动，即忽略了岩体裂隙系统和岩块系统之间的水量交换，这也跟 3DEC 软件的功能特性相一致。

4 小三峡岩溶隧道围岩岩体水力模型研究

（3）忽略裂隙介质中的固体和气体以及混凝土等连续介质中的气体，认为介质中只存在流体且处于饱和状态。

（4）忽略了裂隙的粗糙度、填充物等，认为裂隙是光滑平行、无填充物的，节理岩体中单裂隙的渗流服从立方定律。

（5）忽略了裂隙中可能遇到的紊流，认为流体在裂隙介质及连续介质中处于层流状态。

在节理岩体渗流模型中，节理几何特征直接影响节理介质渗透性的大小、方向和规律。本书采用的 3DEC 离散元软件能够较好地实现对裂隙方位、间距、张开度、组数等参数的模拟，两组节理 J_1 和 J_2 的产状和几何参数如表 4.5 所示。

表 4.5 节理产状参数

节理组号	隙宽/mm	倾向/(°)	倾角/(°)	间距/m
节理 J_1	1	164	78	3
节理 J_2	0.5	82	82	3

为了便于分析在渗流场作用下充水溶洞对隧道围岩的影响，将溶洞简化为边长为 5 m 的立方充水体，根据 4.4 节关于充水溶洞的计算结果，当充水溶洞分布于拱顶（工况一）及左侧拱肩（工况六）时，隧道围岩的变形最大，因此在分析隧道围岩在渗流场作用下的变形和应力时只选取工况一和工况六，分别建立溶洞位于距隧道拱顶、左拱肩 1 m、3 m、5 m、7 m、9 m 时的渗流计算模型。建立模型时，岩溶水密度、弹性模量和黏度分别按 103 kg/m^3、2 GPa 和 0.001 kg·m·s^{-1} 考虑，并在模型外侧施加孔隙水压边界条件（图 4.19），溶洞静水压力参照表 4.4 中工况一和工况六进行取值。

计算完成后提取图 4.6 所示 8 个监测点的位移和应力数据进行分析。结果发现：在渗流场作用下，当充水溶洞位于左拱肩距离隧道 7 m 的位置时，隧道围岩竖向位移最大；当充水溶洞位于拱顶距离隧道 9 m 的位置时，隧道围岩主应力最大；当充水溶洞位于拱顶距离隧道 1 m 的位置

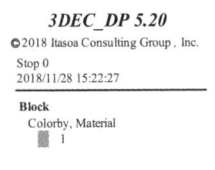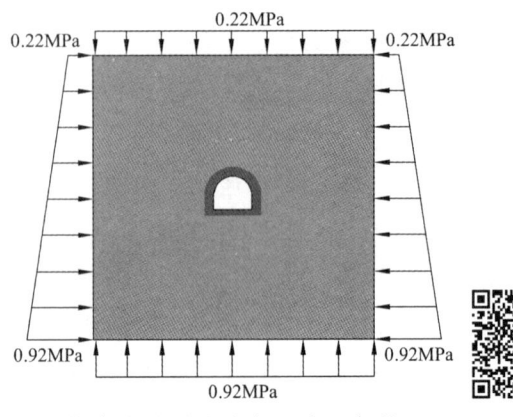

图 4.19　节理岩体渗流模型孔隙水压边界条件

时，隧道围岩中的孔隙水压最大，相应的典型云图如图 4.20 所示。鉴于此，在后续分析渗流场对岩溶隧道围岩应力、位移和孔隙水压影响时仅选择充水溶洞位于左拱肩距离隧道 7 m 时、充水溶洞位于拱顶距离隧道 9 m 时以及充水溶洞位于拱顶距离隧道 1 m 时的三种典型工况。需要说明的是：在后续分析时直接采用计算结果数据绘制的变化图进行阐述，各测点的位移和应力数值详见附录三。

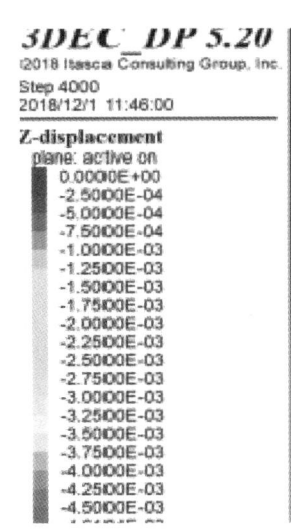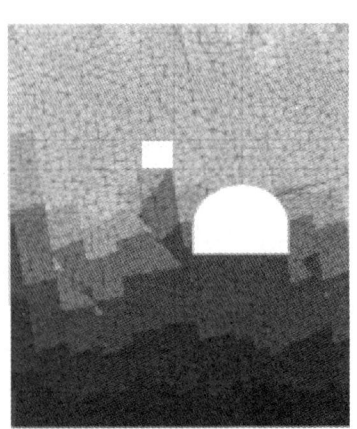

(a) 围岩位移

4 小三峡岩溶隧道围岩岩体水力模型研究

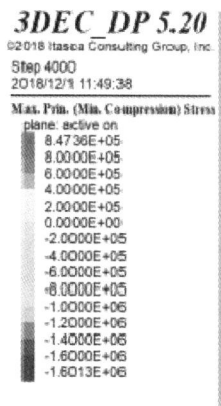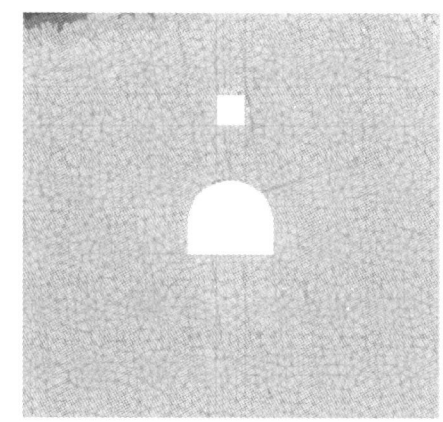

（b）围岩应力

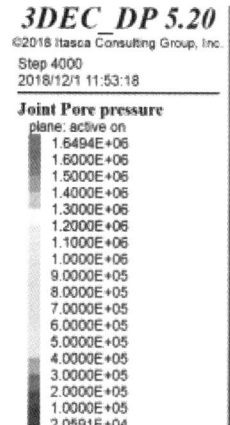

（c）围岩孔隙水压

图 4.20　渗流场作用下隧道围岩位移、应力和孔隙水压

4.5.2　渗流场作用下充水溶洞分布距离对隧道围岩变形的影响分析

按照表 4.2 所列工况一和工况六，通过在隧道不同位置分别布置不同距离（距离分别为 1 m、3 m、5 m、7 m、9 m）的充水溶洞，计算渗流场作用下隧道围岩的变形情况，根据数值模拟计算结果得到隧道围岩

各测点变形随充水溶洞分布距离的变化规律，如图 4.21 所示。

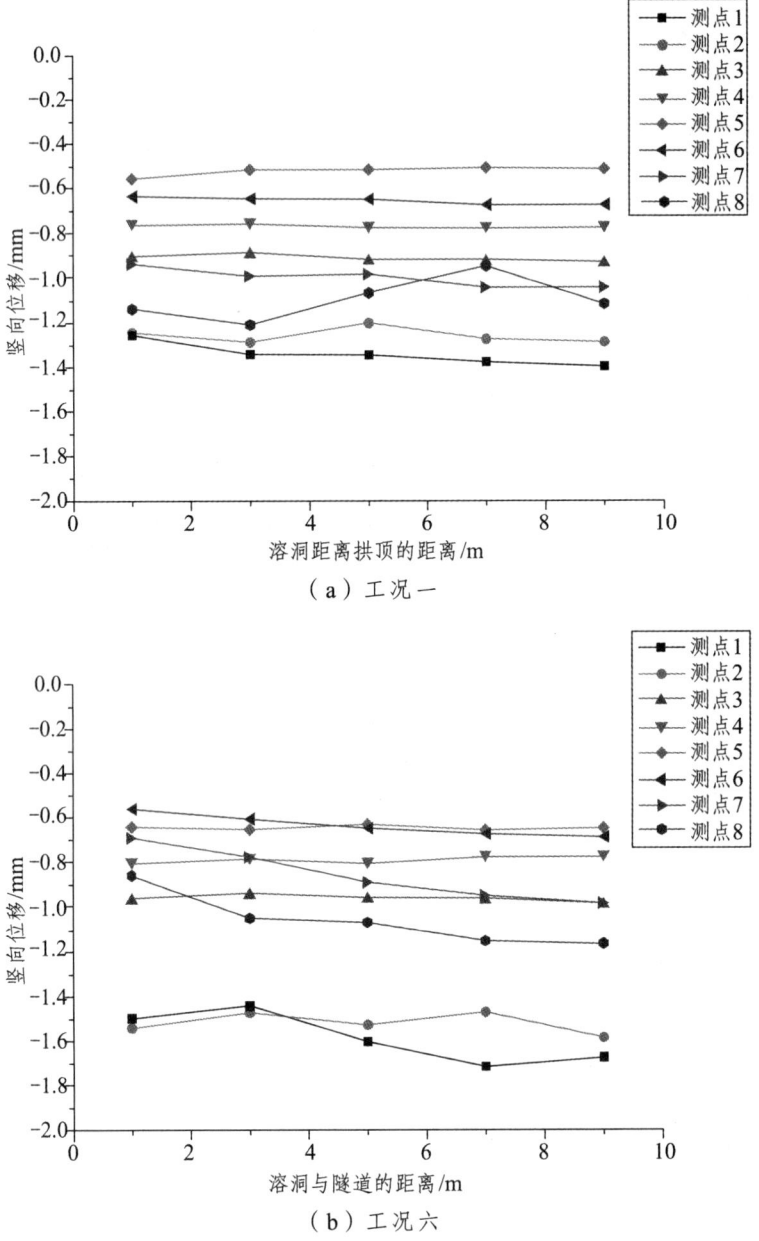

(a) 工况一

(b) 工况六

图 4.21 渗流场作用下隧道围岩竖向位移随充水溶洞分布距离的变化规律

由图可知：当溶洞位于拱顶上方时[图 4.21（a）]，拱顶处的围岩变形最大，其次依次为右拱肩处的位移、左拱肩处的位移、左拱腰处的位移、右拱腰处的位移、右拱脚处的位移、左拱脚处的位移、拱底处的位移。其中：隧道围岩拱顶处、左拱肩处、左拱腰处的位移随溶洞与隧道间的距离增大有微弱增加；而隧道的左拱脚、右拱腰、右拱脚、拱底竖向位移随溶洞与隧道间距离变化无明显变化；右拱肩的竖向位移随溶洞与隧道间距离变化有明显波动；在渗流场作用下，当溶洞距离隧道围岩拱顶 9 m 时，围岩变形最大，此时拱顶位移达到－1.40 mm。两侧拱肩、拱腰、拱脚的位移值并未出现对称的竖向位移，主要原因是岩体产状节理的分布、不同的倾角与倾向，导致了隧道围岩的应力分布不均匀，进而导致了各个对称测点的竖向位移的不同；当充水溶洞位于左拱肩时[图 4.21（b）]，以拱顶的位移最大，其次依次为右拱肩的位移、左拱肩的位移、右拱腰的位移、左拱腰的位移、右拱脚的位移、左拱脚的位移、拱底处的位移；隧道围岩拱顶位移、左拱肩处的位移、左拱腰的位移、左拱脚的位移随充水溶洞与隧道间的距离变大而变大，而隧道的右拱肩、右拱腰、右拱脚以及拱底的竖向位移随充水溶洞与隧道间距离变化无明显变化；当充水溶洞距离隧道围岩右拱肩 7 m 时，围岩变形最大，最大变形位于拱顶处且最大竖向变形为－1.71 mm；两侧拱肩、拱腰、拱脚的位移值并未出现对称的竖向位移，主要原因是岩体产状节理的分布、不同的倾角与倾向，导致了隧道围岩的应力分布不均匀，进而导致了各个对称测点的竖向位移的不同。

4.5.3 渗流场作用下充水溶洞分布距离对隧道围岩应力的影响分析

按照表 4.2 所列工况一和工况六，通过在隧道不同位置分别布置不同距离（距离分别为 1 m、3 m、5 m、7 m、9 m）的充水溶洞，考虑围岩渗流场作用计算隧道围岩的应力情况，根据数值模拟计算结果得到隧道围岩各测点主应力随充水溶洞分布距离的变化规律，如图 4.22 所示。

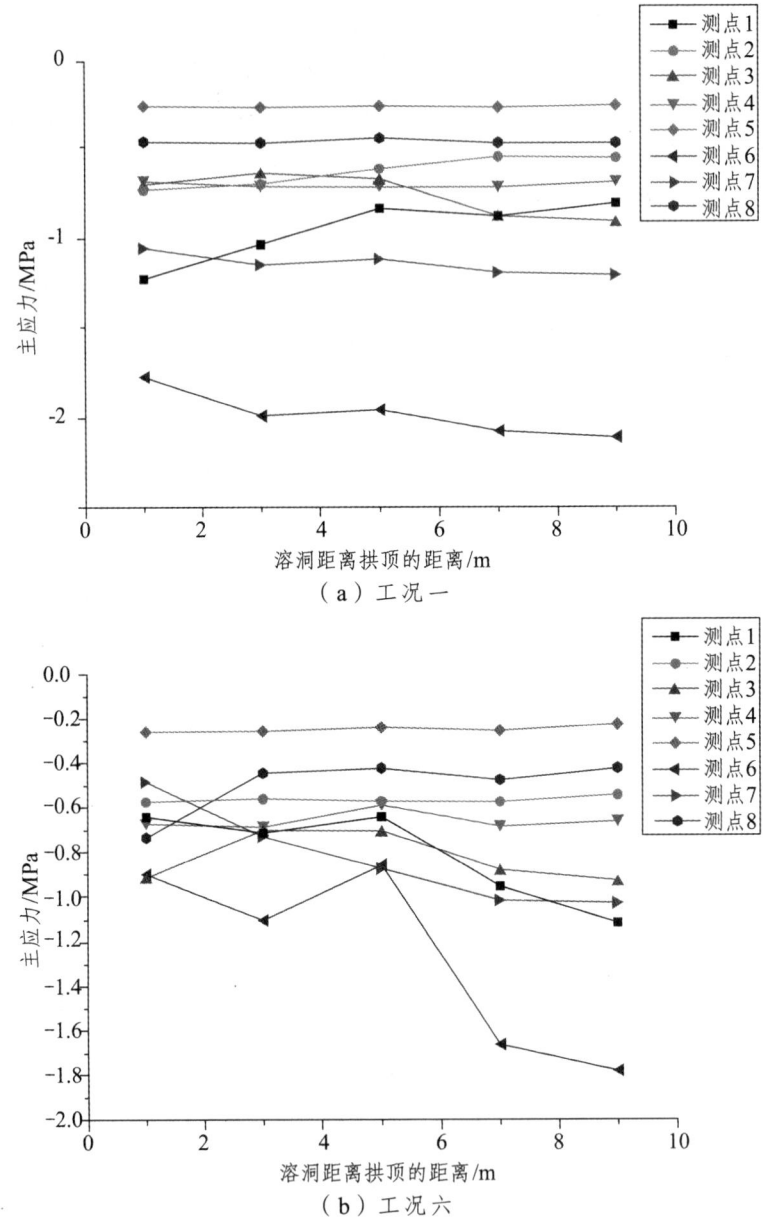

图 4.22 渗流场作用下隧道围岩主应力随充水溶洞分布距离的变化规律

由图可知：当溶洞位于拱顶上方时[图 4.22（a）]，以左拱脚的应力

4 小三峡岩溶隧道围岩岩体水力模型研究

最大,其次依次为左拱腰的应力、拱顶的应力、右拱腰的应力、右拱脚的应力、右拱肩的应力、左拱肩的应力、拱底的应力。其中:左拱脚的应力、左拱腰的应力、右拱腰的应力随充水溶洞与隧道间距离增大而增大;拱顶处的应力、右拱肩的应力随充水溶洞与隧道间距离增大而减小;右拱脚的应力、左拱肩的应力、拱底应力随充水溶洞与隧道间距离改变无明显变化;当充水溶洞距离隧道围岩拱顶9 m时,此时最大主应力位于左拱脚处,最大应力值为 – 2.11 MPa;两侧拱肩、拱腰、拱脚的位移值并未出现对称的主应力,主要原因是岩体产状节理的分布、不同的倾角与倾向,导致了隧道围岩的应力分布不均匀,节理裂隙,导致隧道左上部的岩体应力在隧道的左拱脚处出现应力集中现象,所以导致左拱脚处的应力最大。

当溶洞位于左拱肩方向时[图4.22(b)],以左拱脚的应力最大,其次依次为左拱腰的应力、拱顶的应力、右拱腰的应力、右拱脚的应力、右拱肩的应力、左拱肩的应力、拱底的应力。其中:左拱脚的应力、左拱腰的应力、右拱腰的应力、拱顶的应力随充水溶洞与隧道间距离增大而增大;左拱肩的应力随充水溶洞与隧道间距离增大而减小;右拱脚的应力、右拱肩的应力、拱底应力随充水溶洞与隧道间距离改变无明显变化;当充水溶洞距离隧道围岩拱顶9 m时,此时最大主应力位于左拱脚处,最大应力值为 – 1.78 MPa;两侧拱肩、拱腰、拱脚的位移值并未出现对称的主应力,主要原因是岩体产状节理的分布、不同的倾角与倾向,导致了隧道围岩的应力分布不均匀,节理裂隙导致隧道左上部的岩体应力在隧道的左拱脚处出现应力集中现象,所以导致左拱脚处的应力最大。

4.5.4 渗流场作用下充水溶洞分布距离对围岩孔隙水压的影响分析

按照表4.2所列工况一和工况六,通过在隧道不同位置分别布置不同距离(距离分别为1 m、3 m、5 m、7 m、9 m)的充水溶洞,考虑围岩渗流场作用计算隧道围岩中的孔隙水压变化情况,根据数值模拟计算结果得到隧道围岩各测点孔隙水压随充水溶洞分布距离的变化规律，如图 4.23 所示。

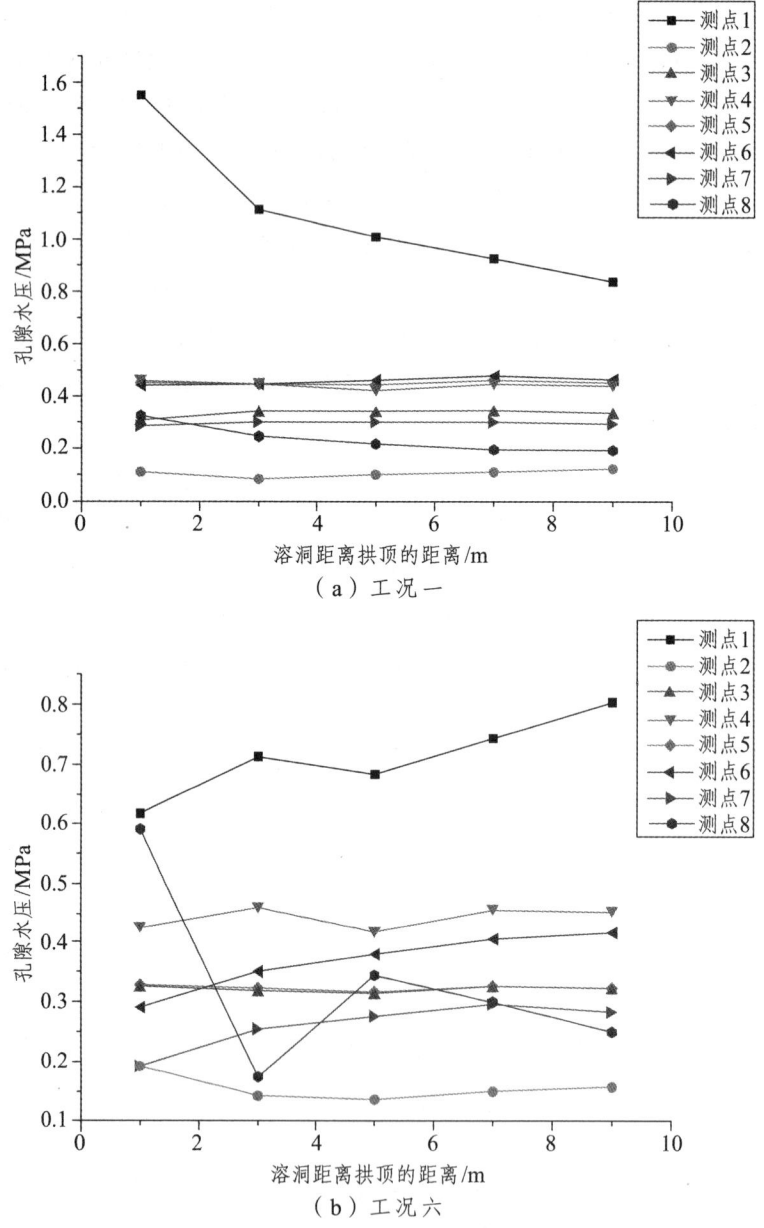

图 4.23　渗流场作用下隧道围岩孔隙水压随充水溶洞分布距离的变化规律

4 小三峡岩溶隧道围岩岩体水力模型研究

由图可知：当溶洞位于拱顶上方时[图 4.23（a）]，以拱顶处的孔隙水压力最大，其次依次为左拱脚的孔隙水压力、右拱脚的孔隙水压力、右拱腰的孔隙水压力、拱底的孔隙水压力、左拱腰的孔隙水压力、左拱肩的孔隙水压力、右拱肩的孔隙水压力。其中：左拱肩的孔隙水压力、拱顶的孔隙水压力随充水溶洞与隧道间距离增大而减小；右拱肩的孔隙水压力、左右拱腰的孔隙水压力、左右拱脚的孔隙水压力、拱底的孔隙水压力随充水溶洞与隧道间距离改变无明显变化；当充水溶洞距离隧道围岩拱顶 1 m 时，最大孔隙水压力位于拱顶处，最大应力值为 1.54 MPa；两侧拱肩、拱腰、拱脚的孔隙水压力呈现基本对称的状态，主要原因是虽然有岩体产状节理的分布，但是节理裂隙都是相互贯通的，所以有对称的孔压分布；而最大的孔隙水压是当充水溶洞距离隧道围岩拱顶 1 m 时，这是由于富压充水溶洞距离拱顶最近，且具有裂隙分布于拱顶处，进而导致此处孔隙水压力最大；当溶洞位于左拱肩方向上时[图 4.23（b）]，以拱顶处的孔隙水压力最大，其次依次大致为右拱脚的孔隙水压力、左拱脚的孔隙水压力、拱底的孔隙水压力、右拱腰的孔隙水压力、左拱腰的孔隙水压力、右拱肩的孔隙水压力，而左拱肩的孔隙水压力随充水溶洞与隧道间距离增大产生了较大的波动；其中拱顶的孔隙水压力、左拱腰孔隙水压力、左拱脚的孔隙水压力随充水溶洞与隧道间距离增大而增大；右拱肩的孔隙水压力、右拱脚的孔隙水压力、右拱腰的孔隙水压力、拱底的孔隙水压力随充水溶洞与隧道间距离改变无明显变化；当充水溶洞距离隧道围岩左拱肩 9 m 时，此时最大孔隙水压力位于拱顶处，最大应力值为 0.80 MPa。

综上所述，在渗流场作用下，渗流作用引起的围岩变形并不大，然而渗流作用引起的围岩应力和裂隙水压却不可忽视，因此在流固耦合的模型中，主要也是涉及围岩的应力和孔隙水压的问题，但与变形固体力学分析相比，渗流场影响还是较为微弱，因此在此基础上，考虑流固耦合计算分析会更加精确。

4.6 本章小结

本章在建立小三峡隧道三维岩体结构概化模型的基础上,考虑小三峡隧道的岩溶和地下水渗流情况,建立了隧道围岩岩体水力模型进行分析计算,主要成果如下:

(1)在岩溶隧道围岩岩体结构概化模型基础上采用离散元 3DEC 软件建立了小三峡隧道围岩岩体水力模型。

(2)针对小三峡隧道围岩周围存在隐伏空溶洞、隐伏充水溶洞的情况,考虑溶洞与隧道的空间位置不同,设置了6种典型工况,采用所建立的水力模型计算了溶洞与隧道间存在不同间距时隧道围岩的位移和应力变化规律。

(3)考虑围岩渗流场的影响,采用隧道周边隐伏充水溶洞的岩体水力模型计算了隧道围岩位移、应力和岩体孔隙水压力规律,为后续分析岩溶隧道突水判据奠定了基础。

5 小三峡岩溶隧道突水评价判据及防突层计算研究

5.1 突水评价判据概述

突水评价判据是岩溶隧道评价和预防突水灾变事故的重要理论依据。在此首先分析岩溶隧道的突水机理，并结合小三峡隧道的岩溶发育情况，在上一章分析渗流对隧道围岩稳定性影响的基础上，建立考虑渗流影响的岩溶隧道围岩失稳突水的力学判据，然后建立数值计算模型对预防岩溶突水的防突层最小厚度进行计算，为小三峡隧道安全施工提供技术支撑。

5.2 岩溶隧道突水机理分析

根据已有研究成果，岩溶隧道突水可以分为渗水型、纯劈裂型和综合破坏型三种情况。其中：渗水型突水主要是揭露溶腔、裂隙、地下暗河等富水岩溶构造引起的，地下水对围岩没有进一步破坏，该突水模式是由隧道施工开挖直接揭穿岩溶构造而引发的；纯劈裂型突水是由于岩溶水在内部高水头岩溶水压作用下对围岩产生劈裂作用导致水流突涌而出；综合破坏型突水是岩溶水压力与围岩二次应力重分布共同作用下致使隧道与隐伏岩溶构造间防突层破坏，丧失隔水能力而发生突水灾害。

由于隧道在开挖施工过程中不可避免地要对围岩进行卸荷，从而导致围岩中二次应力重分布，因此绝大部分岩溶隧道突水本质上还是综合破坏型突水。根据防突层破坏形式可将综合破坏型突水分为拉剪破坏突水、劈裂突水、剪切破坏突水和关键块失稳突水等四种情况。其中：

（1）拉剪突水是指隧道与隐伏溶洞间的防突岩层在二次应力和岩溶水压力作用下，岩层危险截面处的拉剪应力超过岩层抗拉、抗剪强度而发生破坏，沟通富水岩溶构造和隧道，导致突水。

（2）剪切破坏突水是指节理裂隙发育的岩溶隧道中节理裂隙面上某点在任意平面上剪应力达到抗剪强度而发生剪切破坏。

（3）劈裂破坏突水是指岩溶地层中的节理裂隙在岩溶水压力作用下产生劈裂破坏，可根据线弹性断裂力学分析突水机制，确定发生水压劈裂的临界水压力。

（4）关键块体失稳突水是指围岩被节理和裂隙切割成各种类型的空间镶嵌块体，在围岩应力释放和岩溶高水压作用下围岩关键块体发生失稳，引发连锁反应导致防突层岩层中与关键块体相邻的其他块体变形和坍塌，最终使得隧道与岩溶构造连通而引发突水。

综合破坏型突水中的上述四种突水模式是相互联系的，一般是以某一种突水模式为主，或者不同突水模式之间互为条件。对于小三峡隧道而言，由于隧道围岩中主要发育有两组节理，突水极有可能是沿节理面发生剪切破坏和节理在岩溶水压力作用下劈裂破坏的综合作用效果。下一节将根据剪切破坏和劈裂破坏机理提出小三峡隧道围岩失稳突水力学判据。

5.3 考虑渗流影响的隧道围岩失稳突水力学判据

根据 4.5 节分析，在渗流场影响下岩溶水孔隙水压对围岩稳定性有显著影响，这主要是由于孔隙水压的存在会引起节理面力学参数的弱化，同时孔隙水压还会在一定程度上减小作用于节理面上的法向应力，进一步减小节理面的抗剪强度。下面将从考虑孔隙水压的影响方面分别介绍剪切破坏和劈裂破坏突水的力学机理。

5.3.1 剪切破坏突水机理

对于沿节理剪切破坏这一突水类型,其破坏机理一般符合莫尔-库仑强度理论,即当围岩中的节理面上的剪应力达到抗剪强度时,认为节理面已发生剪切破坏,且节理面抗剪强度满足如下公式:

$$\begin{cases} \tau \leqslant \tau_f \\ \tau_f = \sigma_n \cdot \tan\varphi + c \end{cases} \quad (5.1)$$

式中:τ 为节理面上的剪应力(MPa);τ_f 为节理面抗剪强度(MPa);σ_n 为作用于节理面上的法向应力(MPa);c 为节理面黏聚力(MPa);φ 为节理面内摩擦角(°)。

在式(5.1)中,若节理面处有充填物,则 c 和 φ 为充填物的黏聚力和内摩擦角。当节理中存在孔隙水压力时,一方面将导致 c 和 φ 减小,另一方面将使得作用于节理面上的法向应力 σ_n 也减小,从而使得节理面处的抗剪强度降低,引起节理面的破坏。

5.3.2 劈裂破坏突水机理

当隧道围岩中节理发育时,在隧道开挖卸荷等扰动因素作用下节理会张开,然后在岩溶水压力作用下,节理沿端部发生裂纹扩展、贯通,导致围岩发生劈裂破坏而引起岩溶突水。由于该类破坏主要是由水压力引起的,所以一般称之为水力劈裂。为了研究节理水力劈裂的力学机理,在此利用断裂力学知识建立力学模型进行分析。

如图5.1所示,假定围岩中含有一长度为 $2a$ 的节理,节理长轴方向与最大主应力 σ_1 之间的夹角为 β,节理面上有孔隙水压力 p 作用,则节理面上的应力可由下式表示:

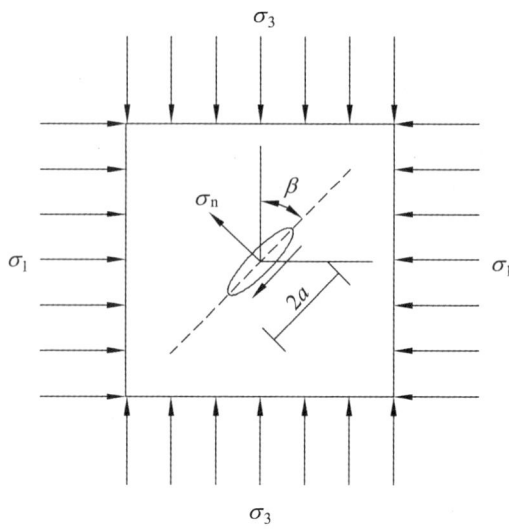

图 5.1 节理扩展模型

$$\begin{cases} \sigma_n = -\left(\dfrac{\sigma_1+\sigma_3}{2} - \dfrac{\sigma_1-\sigma_3}{2}\cos 2\beta - p\right) \\ \tau_f = \dfrac{\sigma_1-\sigma_3}{2}\sin 2\beta \end{cases} \quad (5.2)$$

由于节理面上孔隙水压的存在，作用于节理上的法向应力 σ_n 可能为拉应力也可能为压应力。当节理法向应力为拉应力时，围岩岩体发生拉剪破坏的突水模式，可根据断裂力学 I 型裂纹扩展理论计算得到对应的临界水压力 p_{cr} 为：

$$p_{cr} = \dfrac{\sigma_1+\sigma_3}{2} - \dfrac{\sigma_1-\sigma_3}{2}\cos 2\beta + \dfrac{\sigma_1-\sigma_3}{2}\sin 2\beta + \dfrac{K_{Ic}}{\sqrt{\pi a}} \quad (5.3)$$

式中：K_{Ic} 为 I 型断裂韧度值，由实验测定，它是与实验温度、试件厚度、变形速度等参量有关的数值。

当节理面上的法向应力为压应力时，围岩岩体发生压剪破坏的突水模式，可根据断裂力学 II 型裂纹扩展理论计算得到对应的临界水压力 p_{cr} 为：

$$p_{cr} = \frac{\sigma_1+\sigma_3}{2} - \frac{\sigma_1-\sigma_3}{2}\cos 2\beta - \frac{1}{\tan\beta}\cdot\left[\frac{\sigma_1-\sigma_3}{2}\sin 2\beta + \frac{K_{IIc}}{\sqrt{\pi a}}\right] \quad (5.4)$$

式中：K_{IIc} 为 II 型断裂韧度值。

当计算出围岩临界孔隙水压力之后，将其与岩溶水压力进行比较后就可以确定围岩即将发生劈裂破坏的防突层最小厚度。下一节将以此作为判据，建立有限元模型计算小三峡隧道的最小防突层厚度。

5.4 岩溶隧道最小防突层厚度计算

为了研究小三峡岩溶隧道的最小防突层厚度，在 5.3 节力学机理分析的基础上建立岩溶隧道平面应变有限元模型，分别考虑充水溶洞位于隧道拱顶、掌子面正前方和隧道底部三种典型工况，通过调整溶洞与隧道之间的间距来研究岩溶隧道最小防突层厚度。

5.4.1 计算模型

为了消除边界效应对计算结果的影响，建立岩溶隧道几何模型时边界范围取为 200 m×200 m，同时为了有限元建模方便，将图 4.1 所示隧道简化模型用 15 m 的圆代替。为了考虑溶洞对隧道围岩的影响，将溶洞也简化为圆形，其直径为隧道直径的 2 倍。模型边界条件为在模型左右边界和下部边界施以固定约束，溶洞应力边界简化为 2 MPa 的水压力边界。建好后的有限元几何模型如图 4.2 所示。采用自动划分网格的方式对模型进行网格划分，共有 4 401 个单元。

5.4.2 计算参数

由于小三峡隧道进口及洞身段大部分是穿越 IV 级围岩岩体，根据前期地质勘察报告中提供的Ⅳ类围岩物理力学参数，再结合蔡美峰等主编的《岩石力学与工程》（第 2 版）中关于相关岩石力学参数取值的建议，同时考虑节理对岩体强度的弱化作用，得到有限元分析所需模型基本物理力学计算参数如表 5.1 所示。计算时将岩体简化为均质的各向同性材料，使用 Drucker-Prager 屈服准则。

表 5.1　材料参数

弹性模量/GPa	天然容重/(kN/m³)	泊松比	黏聚力/MPa	内摩擦角/(°)
17.4	25	0.26	3.5	58

对于溶洞，将其简化为圆形断面，由于主要考虑富水溶洞内水压对围岩及隧道衬砌的位移及应力的影响，对于溶洞内水流的影响不在考虑范围内，因此相应的渗流分析也不予考虑；同时不考虑隧道开挖及支护对溶洞的影响。对于溶洞水压力的取值，按静水压力考虑，即：

$$P=\rho g h \tag{5.5}$$

式中：ρ 为水的密度，按 10^3 kg/m³ 取值；g 为重力加速度，取为 9.8 m/s²；h 为溶洞实际埋深（m）。

5.4.3　计算工况

本节中以圆来模拟岩溶溶洞，溶洞经过长期溶蚀，已基本稳定。并假设溶洞内全部填充岩溶水体，且岩溶洞壁为不透水层（若岩溶洞壁为透水层，则隧道开挖后，突水自然发生）。根据隧道与岩溶的相对位置不同，研究溶洞位于隧道顶部、隧道底部和掌子面正前方时对隧道的影响。溶洞的初始位置均从距离隧道 1 m 处开始进行计算，并以每次 2 m 的距离增加，直至溶洞与隧道之间的围岩不会出现贯通的塑性区为止，计算工况汇总于表 5.2。从溶洞位于不同位置时对隧道围岩的塑性区影响中，从而总结出岩溶隧道的最小防突层厚度，并为岩溶隧道突水的防治提供参考。

5 小三峡岩溶隧道突水评价判据及防突层计算研究

表 5.2 计算工况

溶洞位置	溶洞边缘到隧道的距离/m							
溶洞位于隧道顶部	1	3	5	7	9	11	13	15	17
溶洞位于隧道底部	1	3	5	7	9	11	13	15	—
溶洞位于掌子面正前方	1	3	5	7	9	11	13	—	—

5.4.4 计算结果分析

采用非线性静力分析法对模型进行计算，随着溶洞与隧道之间的距离逐渐减小，溶洞位于隧道正上方、位于隧道正下方和位于掌子面正前方时的围岩位移和塑性区云图汇总如图 5.2～图 5.7 所示。由图可知岩溶隧道最终塑性区的贯通过程分为三个阶段：

（1）孕育阶段。

当溶洞与隧道之间的围岩厚度较大时，在高压充水溶腔围岩周边会产生裂隙。在隧道与充水溶腔连接方向上，塑性区的发展情况表现得并不是非常明显，只能隐约发现裂隙存在往该方向复杂发展的趋势。

（2）发展阶段。

随着溶洞与隧道之间的围岩厚度逐渐减小，隧道与充水溶腔周边裂隙数量开始逐渐增多，并非常明显地逐步在隔水岩盘内发展，塑性区有贯通的趋势。大部分裂隙在高水压的不断作用下开始逐渐形成稳定扩展，使得相邻裂隙得以聚合，但局部形成的裂隙区之间并未完全沟通，完整成熟的突水通道并未形成。

（3）形成阶段。

溶腔内水体设定的是承压水，压力值固定，在高压水的持续影响下，致使隔水岩盘出现大范围损伤，塑形区完全贯通。在隧道与充水溶腔连接方向上发生大量岩体破坏现象，水流不断向裂隙区汇集，在水力劈裂不断作用下，局部的裂隙区逐渐沟通形成更大的裂隙区，并逐渐汇集贯通成线，形成了成熟的突水通道。

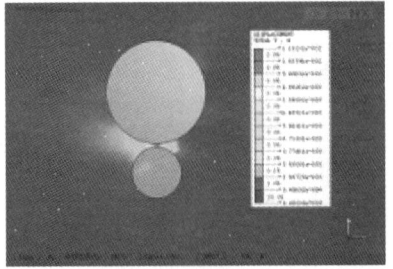

(a)距离 1 m

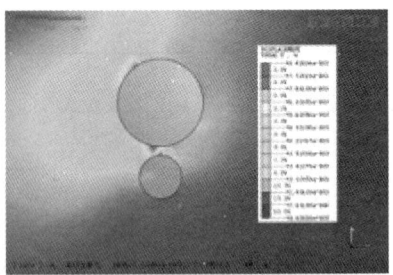

(b)距离 3 m

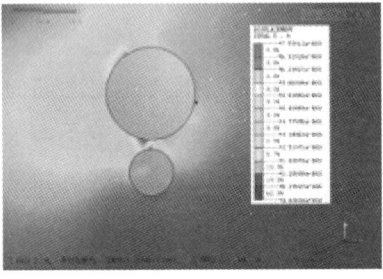

(c)距离 5 m

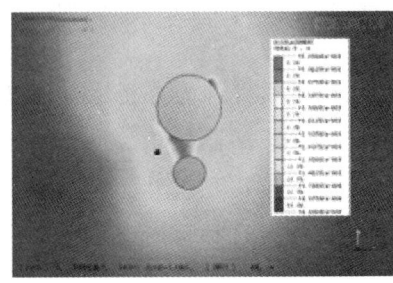

(d)距离 7 m

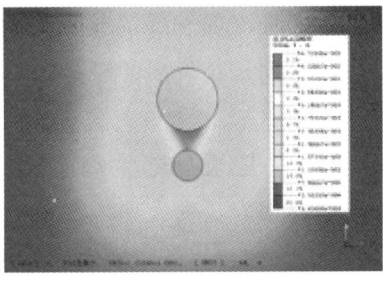

(e)距离 9 m

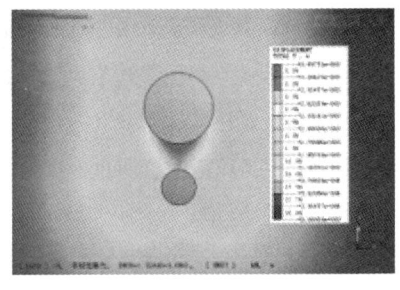

(f)距离 11 m

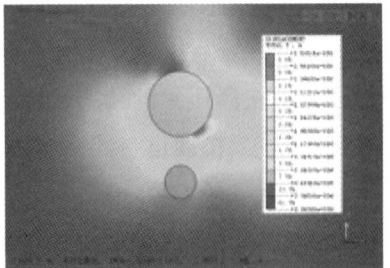

(g)距离 13 m

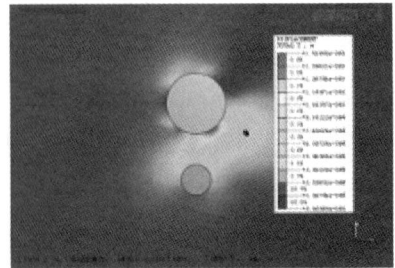

(h)距离 15 m

5 小三峡岩溶隧道突水评价判据及防突层计算研究

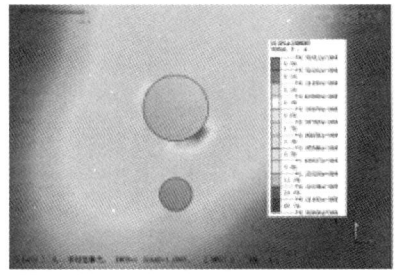

（i）距离 17 m

图 5.2 溶洞位于隧道正上方不同位置时的位移云图

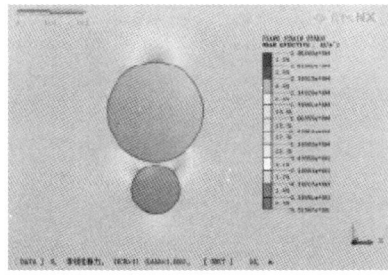

（a）距离 1 m

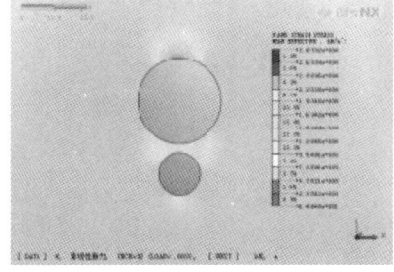

（b）距离 3 m

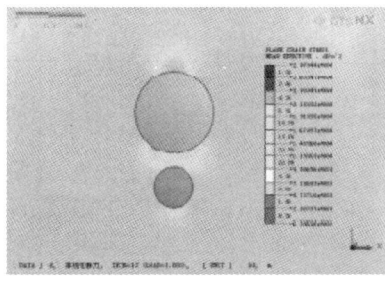

（c）距离 5 m

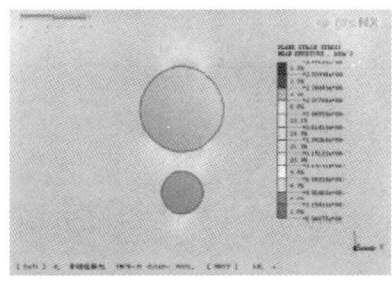

（d）距离 7 m

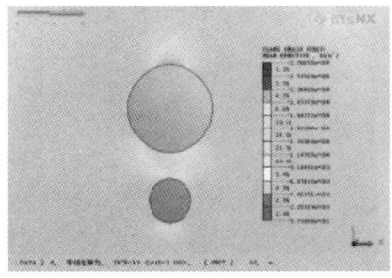

（e）距离 9 m

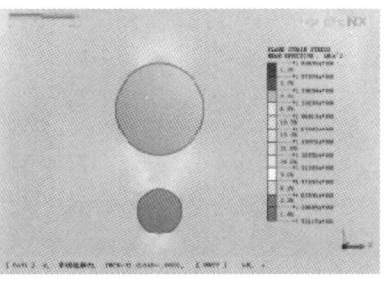

（f）距离 11 m

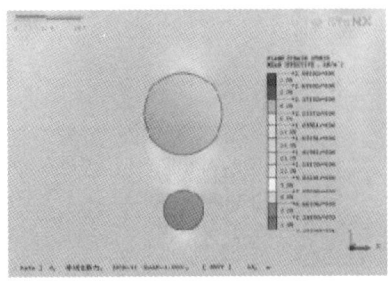
（g）距离 13 m

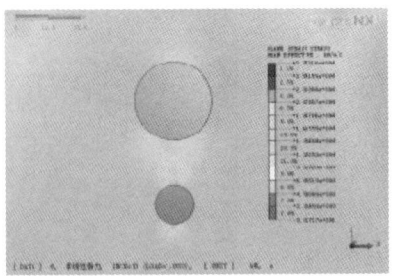
（h）距离 15 m

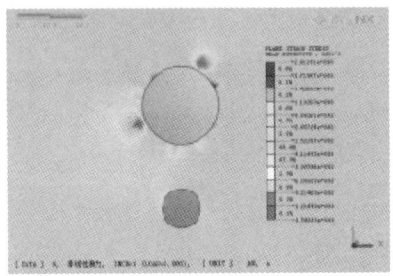

（i）距离 17 m

图 5.3　溶洞位于隧道正上方不同位置时的塑性区云图

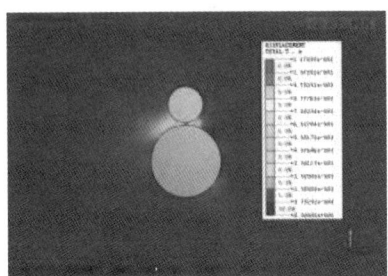
（a）距离 1 m

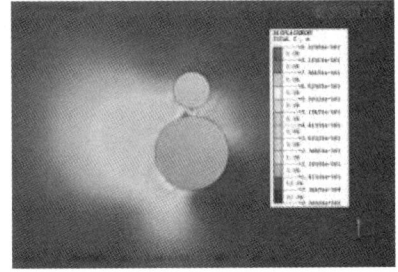
（b）距离 3 m

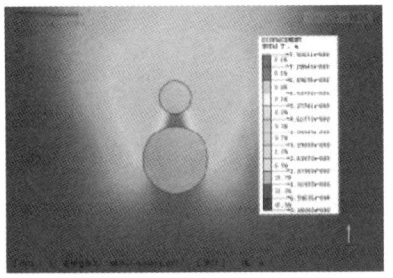
（c）距离 5 m

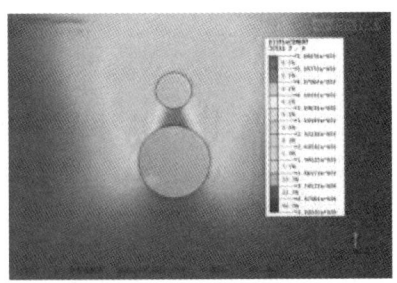
（d）距离 7 m

5 小三峡岩溶隧道突水评价判据及防突层计算研究

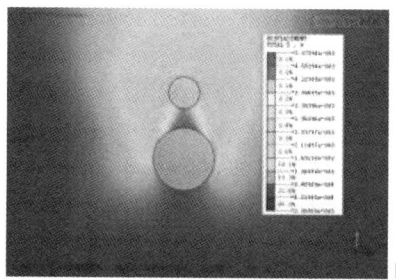

（e）距离 9 m

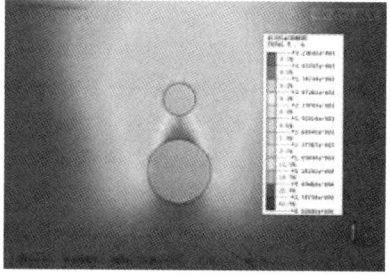

（f）距离 11 m

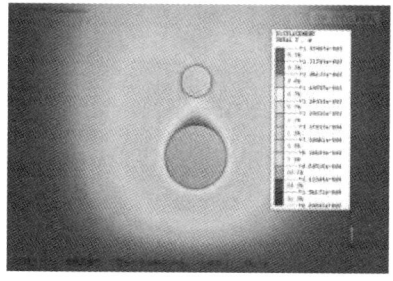

（g）距离 13 m

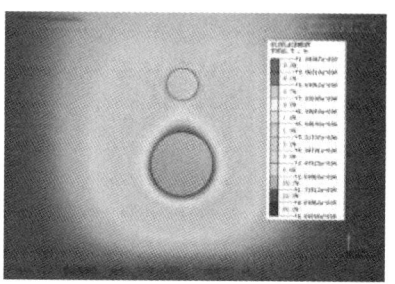

（h）距离 15 m

图 5.4 溶洞位于隧道正上方不同位置时的位移云图

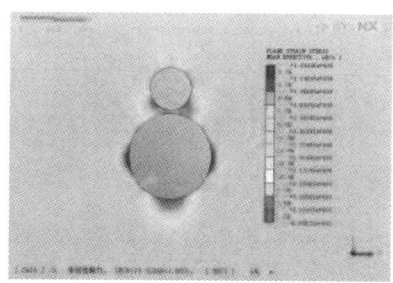

（a）距离 1 m

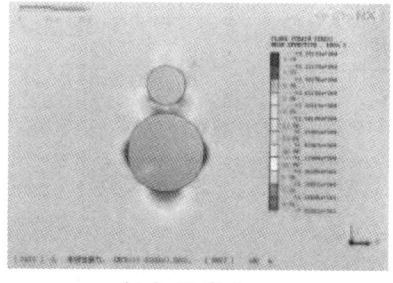

（b）距离 3 m

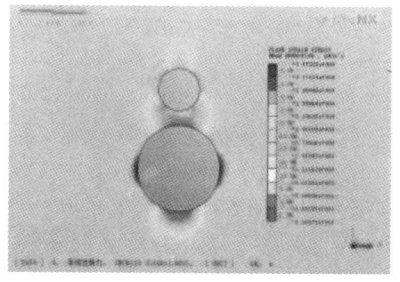

（c）距离 5 m

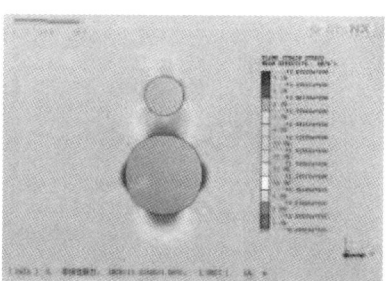

（d）距离 7 m

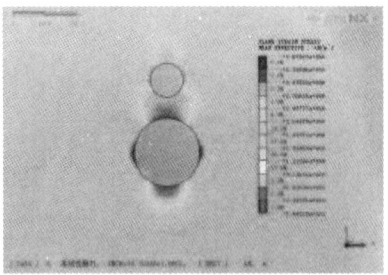
（e）距离 9 m

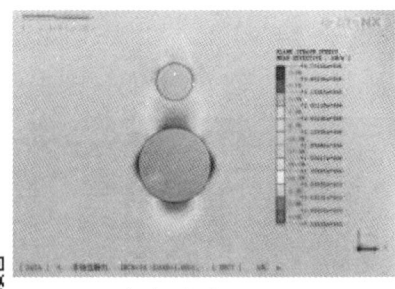
（f）距离 11 m

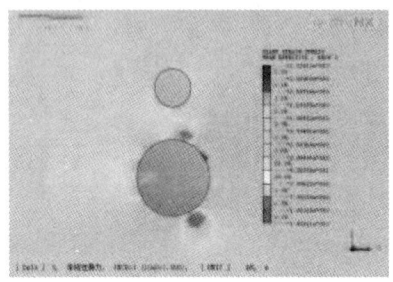
（g）距离 13 m

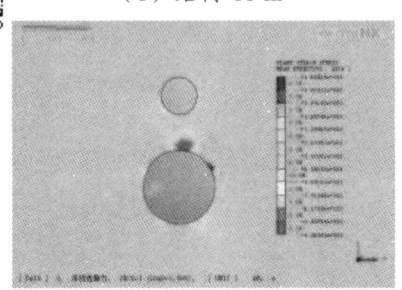
（h）距离 15 m

图 5.5　溶洞位于隧道正下方不同位置时的塑性区云图

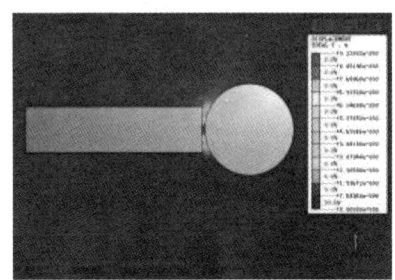
（a）距离 1 m

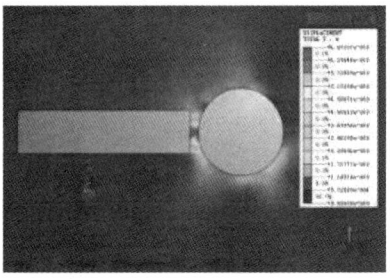
（b）距离 3 m

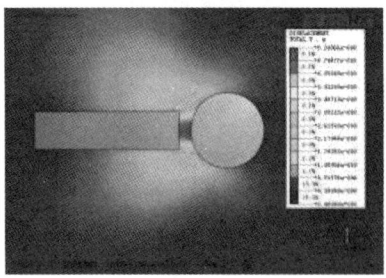
（c）距离 5 m

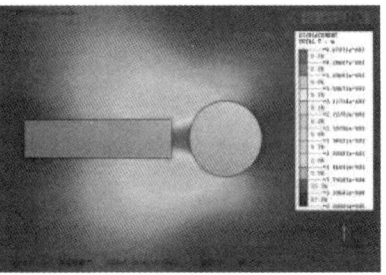
（d）距离 7 m

5 小三峡岩溶隧道突水评价判据及防突层计算研究

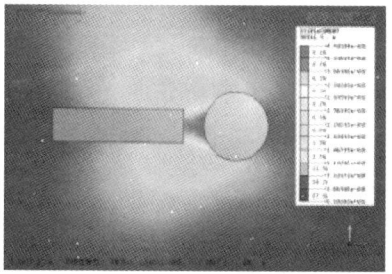
(e) 距离 9 m

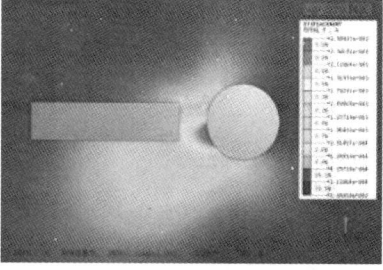
(f) 距离 11 m

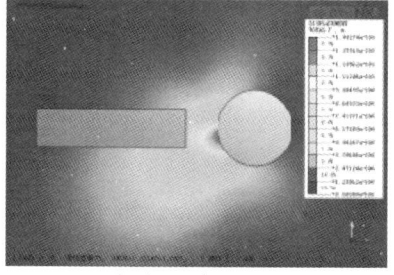
(g) 距离 13 m

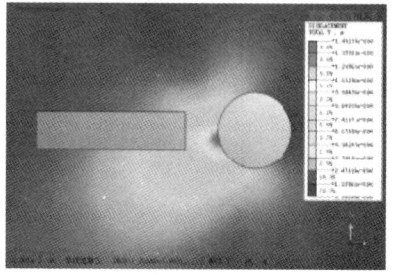
(h) 距离 15 m

图 5.6 溶洞位于掌子面正前方不同位置时的位移云图

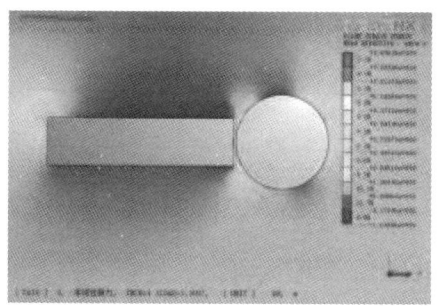
(a) 距离 1 m

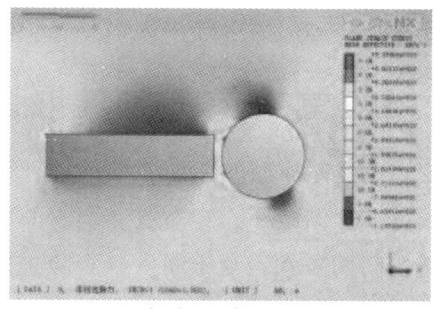
(b) 距离 3 m

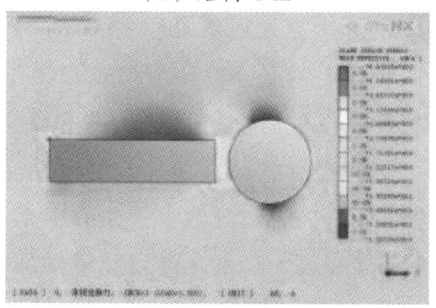
(c) 距离 5 m

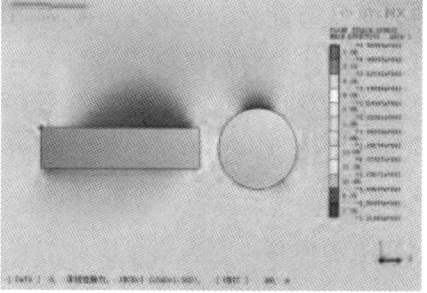
(d) 距离 7 m

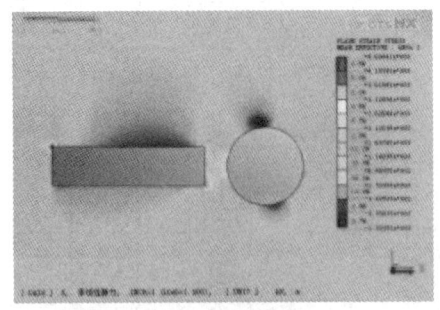
（e）距离 9 m

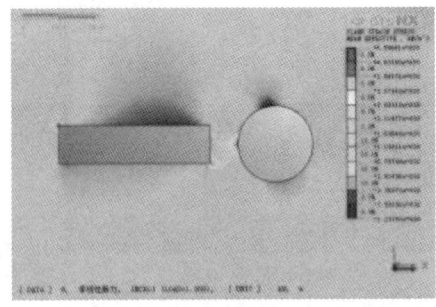
（f）距离 11 m

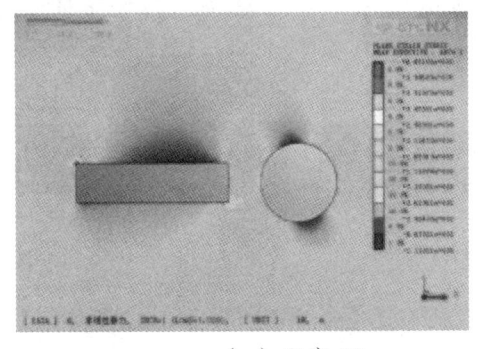

（g）距离 13 m

图 5.7　溶洞位于掌子面正前方不同位置时的塑性区云图

通过对模型的塑性区结果进行分析可得：随着溶洞与隧道之间的岩层厚度逐渐减小，在渗流和围岩开挖卸荷的双重影响下，充水溶腔与隧道之间的隔水岩盘不断发生裂隙扩展或新生裂隙的萌生、相邻裂隙的聚合、裂隙贯通的渐进损伤行为，最后岩层产生拉剪或压剪失稳破坏导致突水现象。此时，当溶洞与隧道间的岩层发生突水现象时的围岩厚度为隧道的最小防突层厚度，溶洞位于不同位置时的最小防突层厚度结果汇总于表 5.3。同时在隧道上选取不同的监控点分析存在溶洞时隧道的位移和应力情况，其中当溶洞在隧道正上方时选取隧道拱顶处，溶洞在隧道正下方时选取隧道拱底处，溶洞在掌子面正前方时选取掌子面的中点。监控点的位移与应力变化情况汇总于表 5.4 和表 5.5，由此得到隧道拱顶、拱底和掌子面监控点位移和应力随溶洞到隧道距离的变化规律如图

5 小三峡岩溶隧道突水评价判据及防突层计算研究

5.8~图 5.10 所示。由图可知：当隧道岩溶防突层厚度小于最小防突层厚度时，隧道围岩中的应力和位移都是急剧增加的，极易导致围岩因剪切或劈裂破坏而产生突水，因而在进行隧道施工时应尽量按照表 5.3 所列最小防突层厚度进行防突岩体设置。

表 5.3 最小防突层厚度计算结果

溶洞位置	最小防突层厚度/m
溶洞位于隧道正上方	15
溶洞位于隧道正下方	13
溶洞位于掌子面正前方	13

表 5.4 监控点位移随溶洞到隧道的距离增大时的变化情况（单位：mm）

溶洞到隧道的距离/m	1	3	5	7	9	11	13	15	17
隧道拱顶位移	10.80	8.05	7.24	5.15	4.09	2.91	1.32	0.72	0.27
隧道拱底位移	11.15	8.46	7.45	5.32	4.44	2.77	1.31	0.68	
掌子面中点位移	9.02	6.87	4.77	4.22	3.81	1.81	0.96	0.37	

表 5.5 监控点应力随溶洞到隧道的距离增大时的变化情况（单位：MPa）

溶洞到隧道的距离/m	1	3	5	7	9	11	13	15	17
隧道拱顶应力	13.39	10.91	10.01	8.56	7.41	7.03	6.67	6.02	0.06
隧道拱底应力	8.80	8.79	6.40	6.26	6.12	6.03	1.24	0.08	
掌子面中点应力	8.67	4.45	2.98	2.57	2.46	2.00	1.90	1.73	

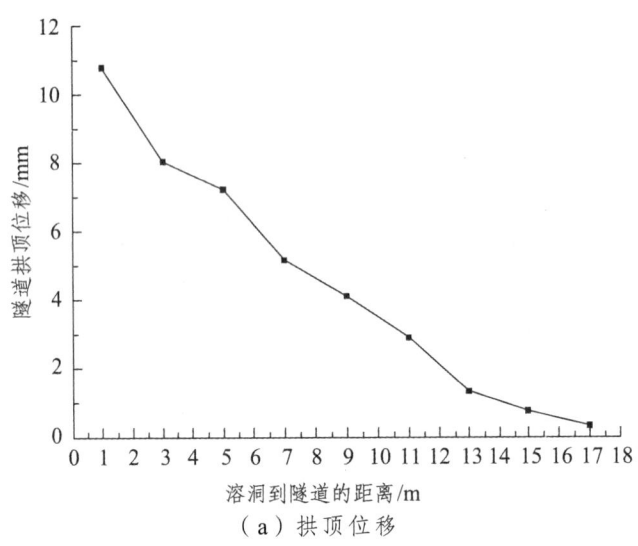

(a)拱顶位移

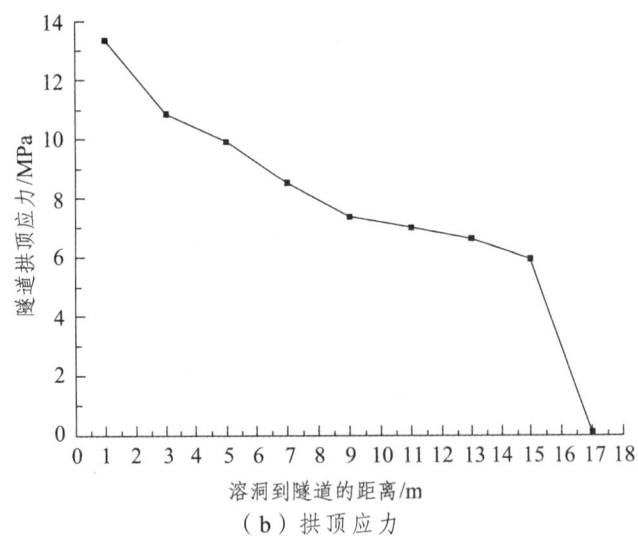

(b)拱顶应力

图 5.8　隧道拱顶监控点位移和应力随溶洞到隧道的距离的变化规律

5 小三峡岩溶隧道突水评价判据及防突层计算研究

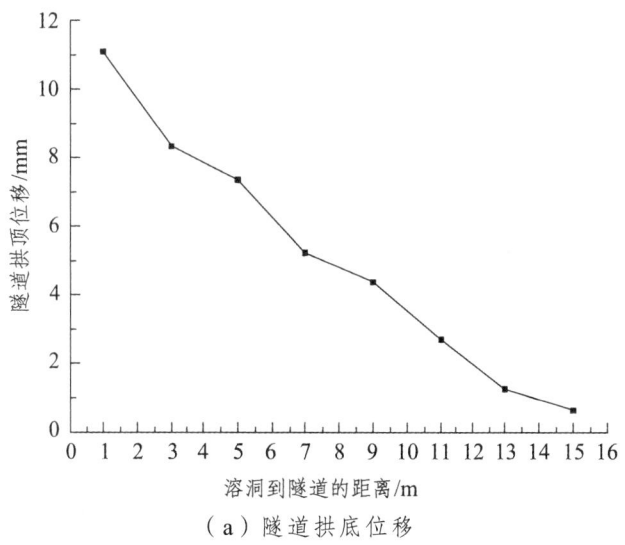

（a）隧道拱底位移

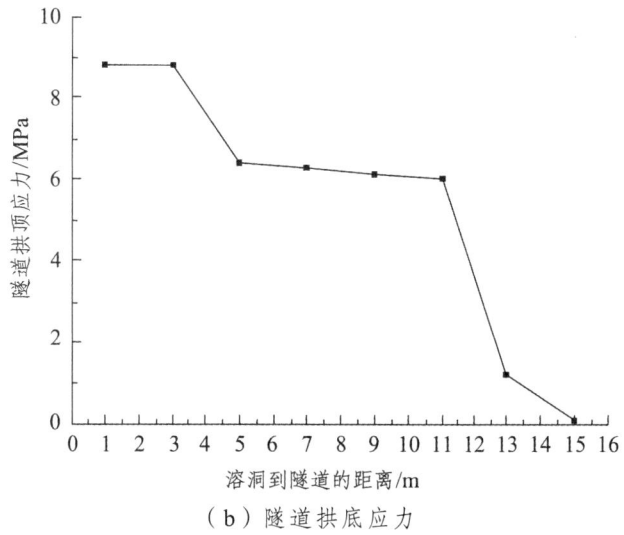

（b）隧道拱底应力

图 5.9　隧道拱底监控点位移和应力随溶洞到隧道的距离变化规律

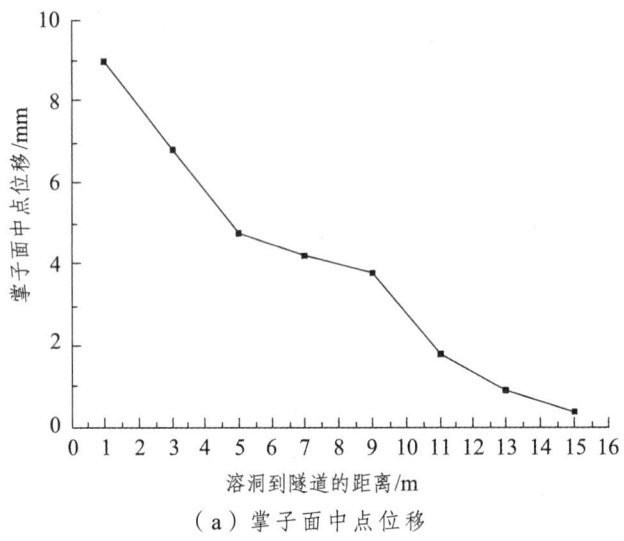

（a）掌子面中点位移

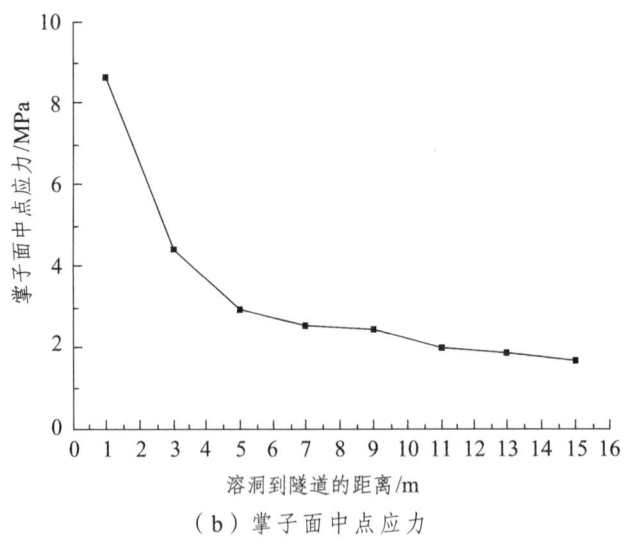

（b）掌子面中点应力

图 5.10　掌子面监控点位移和应力随溶洞到隧道的距离的变化规律

5 小三峡岩溶隧道突水评价判据及防突层计算研究

5.5 本章小结

本章在分析岩溶隧道典型突水机理的基础上,针对小三峡隧道围岩节理发育的特点,开展小三峡隧道岩溶突水评价判据研究,主要成果如下:

(1)提出了小三峡隧道围岩突水的剪切破坏和劈裂破坏机理,并采用断裂力学方法提出了基于剪切破坏和劈裂破坏机理的临界水压力确定方法。

(2)采用有限元方法建立岩溶隧道平面应变模型,研究了当岩溶位于隧道拱顶、掌子面前方和隧道底部时需设置的岩溶隧道围岩最小防突层厚度,为指导小三峡隧道施工提供了技术支持。

6 小三峡岩溶隧道突水灾害注浆防治措施研究

6.1 岩溶隧道突水灾害注浆防治概述

对突水机理的正确认识是岩溶隧道突水灾害防治的重要理论基础。但是由于地下岩溶分布具有不确定性，因此工程中对岩溶突水主要从预防和治理两个方面同时着手。本章首先介绍岩溶突水防治的基本原则，在此基础上根据小三峡隧道隧址区前期工程地质勘查资料研究小三峡隧道突水预防和注浆防治措施，研究成果可为小三峡隧道施工中的岩溶突水灾害提供技术指导，同时也可为郑万铁路重庆段其他岩溶隧道施工提供借鉴。

6.2 岩溶隧道突水防治原则

根据小三峡隧道岩溶突水特征、突水机理及连通性分析，确定岩溶突水的防治原则为：

（1）临界距离原则：由于岩溶隧道突水存在临界距离，因此，首先应采用综合超前地质勘探手段，查明岩溶的位置，然后在临界距离外，实施超前预注浆加固等措施；近距离穿越时，应减少爆破震动对围岩的扰动，确保隔水岩柱的稳定。在本工程条件下，临界距离值：横向断面交错模式取 1.5～2.5 m，纵向断面交叉模式取 2.0～3.5 m。

（2）关键部位原则：针对岩溶隧道突水的关键部位，重点对需加强支护部位采用超前管棚支护、小导管补充注浆加固等措施。

（3）下位交叉施工原则：由数值模拟分析结果知，隧道施工需穿越岩溶地层时，应优先选择下位交叉模式施工。

（4）"二衬紧跟"原则：由于岩溶突水主要发生在开挖和初期支护两个环节，应采取考虑"全方位水压影响"支护模式及"二衬紧跟"施工原则。

（5）旱季施工原则：通过对岩溶突水特征的分析，对连通型溶洞，应避开雨季施工；而对未连通型溶洞，则不受季节影响。

（6）信息化施工原则：施工过程中加强对围岩变形、外水压力和支护结构应力、应变监测，进行信息化施工，确保施工安全。

6.2.1 超前地质预测预报

超前地质预测预报是保证岩溶隧道安全施工的重要环节，是岩溶隧道施工的一个重要工序。目前采取 TSP202 长距离（100 m 左右）超前探测是宏观掌握前方地质条件的一种重要手段，采取地质钻机近距离（30 m）钻孔探水是目前最为可靠的超前地质预测预报方法，这两种预测预报手段相互印证，能保证岩溶隧道超前预测预报的准确度。

6.2.2 隧道突水的临界距离

从隧道开挖后围岩应力场对岩溶水力特性的影响，以及孔隙水压力对岩体的弱化等相互耦合作用的角度出发，经数值模拟计算知，触发隧道突水的临界距离确实存在。因而，防治隧道突水的打钻、注浆等施工必须在隔离岩柱的临界距离外作业。

采取超前探孔预测岩溶突水时，在岩溶一般发育区探孔的终孔位置应在开挖轮廓线外 1.5~2.5 m，也就是说，防止岩溶突水的隔水岩柱要保证在 2.5 m 以上。在探测到前方存在的岩溶和开挖隧道呈交叉模式时，如果前方岩溶突水压力大，水量丰富，要保留 3~5 m 的防突岩盘（数值计算结果为 2.0~3.5 m，考虑 1.5 的安全系数）；如果前方水压力不大，水量不太丰富时，应采取风钻加强探测的手段，在保证掌子面稳定的前提下，尽量靠近溶洞，以减少采取超前预注浆时钻孔和注浆的工作量。

6.2.3 建立安全部位档案

岩溶隧道的安全事故既可能发生在掌子面，也可能发生在已开挖支护后的地段。为此，应在施工中建立安全部位档案。

（1）隧道突水的关键部位。

由数值模拟结果知，不同的突水模式，在隧道围岩中产生塑性破坏的位置和范围明显不同，所以，应根据超前预报结果，建立关键部位档案，在隧道施工中一经发现异常情况，应立即停下来对有可能导致隧道突水的关键部位进行详细探查，做到防范工作有的放矢。

（2）当遇到大型充填型溶洞时，即使溶洞开挖支护完成后，也应采取物探和钻探手段对溶洞规模、溶洞形态进行探测，对溶洞的安全进行评估，以防止支护后的涌水突泥事故发生。

6.2.4 岩溶隧道施工的季节选择

根据突水特征分析，对连通型岩溶和半连通型岩溶，避开雨季施工能明显地减小隧道涌水量，甚至可实施干式作业，效果显著。对孤立型岩溶，施工基本上不受季节的影响，因此，查明水力联系，确认是否为连通型岩溶和半连通型岩溶，对岩溶隧道施工意义重大。

（1）对于泥砾型溶洞，只要采取合理的超前预注浆加固措施，在隧道与地表不形成连通以前，隧道的施工可不受季节影响。

（2）对于细砂层型溶洞，由于在雨季施工易受地表降雨量的影响，高压富水条件极易击穿注浆固结体，进而诱发开挖过程中的大规模涌水涌砂，因此，这类溶洞最好在旱季施工，或者在雨季加固、旱季开挖。如果现场必须在雨季开挖，应对天气进行超前预测预报，尽量避免在大降雨时进行开挖。

（3）对于黏土型溶洞，在此较难判定其施工的季节性选择。

6.2.5 隧道开挖方法的优化

针对岩溶隧道，为保证开挖安全及工程进度需要，宜对隧道施工顺序进行优化，如图6.1所示。

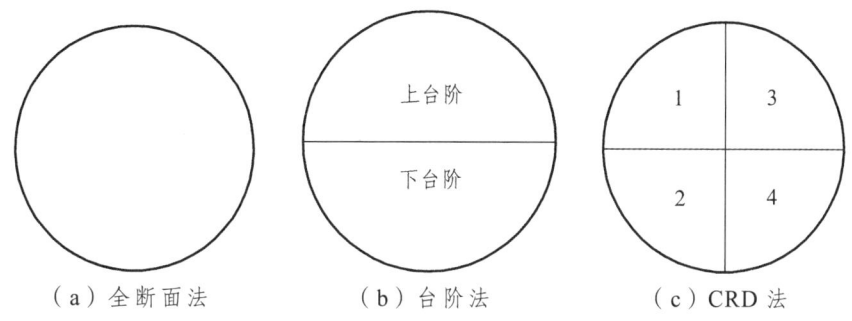

图6.1 隧道施工方法选择

（1）一般情况下，在平导岩溶段经超前预注浆加固及大管棚超前支护条件下，宜采取全断面开挖。在正洞大断面岩溶地段，若溶洞与隧道呈交错位，在采取措施后，宜应优先选择采取全断面开挖。

（2）当岩溶与隧道呈交叉位时，宜采取台阶法开挖。

（3）当岩溶与隧道呈交叉位，并且岩溶填充介质为砂层时，宜选择最为安全的CRD法开挖。

6.2.6 信息化施工

信息化施工是保证岩溶隧道施工安全的一种重要措施。

（1）在岩溶隧道开挖过程中，通过监控量测和分析溶洞施工过程中的应力、应变状态，对及时调整支护措施和施工方案有着极其重要的指导作用。

（2）对于已完成开挖支护的地段，通过监测水量变化、水压变化、应力变化，必要时进行水力连通试验，可了解溶洞的安全状态。

（3）对溶洞进行永久性的水压力和支护应力监测，可保证隧道的安全运营需求，防范事故发生，并且对类似工程的设计提供重要的参考依据。

6.3 岩溶隧道突水注浆封堵措施

6.3.1 超前地质预报

为保证郑万铁路中的隧道施工安全、优化设计，实现信息化施工，施工期间施工单位应加强施工地质工作，并实施全隧超前地质预测预报，将其纳入施工工序进行管理。通过超前地质预测预报工作，核实和预测掌子面前方的地质条件，以便及时调整工程措施，确保施工及结构安全。结合不同隧道工程特点以及工程地质、水文地质条件，开展下列超前地质预测预报工作：

（1）预报的重点内容。

① 不同岩性接触带的位置，接触带岩体破碎程度、地下水赋存情况；

② 背、向斜核部等地质构造的位置、岩体破碎程度、地下水赋存情况；

③ 岩体极破碎段的岩体破碎程度及地下水的赋存情况；

④ 隧道内围岩级别变化趋势；

⑤ 有害气体聚集及煤层分布情况。

（2）预报的方法。

隧道的地质情况应采用以地质调查法为基础、以综合物探及超前钻孔为主的综合超前地质预报手段。

根据小三峡隧道地质条件、风险源及其风险等级，小三峡隧道采用不

6 小三峡岩溶隧道突水灾害注浆防治措施研究

同的超前地质预报方法,分别为地质调查法、物探法和超前钻探法。小三峡地质调查法主要包括地表补充地质调查和隧道内地质素描,通过将隧道揭露的地层岩性、地质构造、结构面产状、地下水出露位置及出水状态、出水量、溶洞等准确地记录下来绘制成图表,更好地指导施工顺利进行。小三峡物探法采用地震波反射法和地质雷达法,地震波反射法软弱破碎地层或岩溶发育区采用预报距离采用 100~200 m,完整硬质岩层采用 120~150 m。地质雷达法预报距离 25 m,搭接长度在 5 m 以上。超前钻探法在可溶岩地段、可溶与非可溶地段,根据地质及物探预报结果,先施作超前钻孔 1 孔,若要确定产状,再施作超前钻孔 1 孔。在可溶岩高压富水地段,超前钻孔 4 孔,设置关水阀门,1 孔设置测压装置,3 孔作为定位孔,遇断层破碎带时 1 孔取芯。隧道的超前钻孔布置可参考图 6.2。

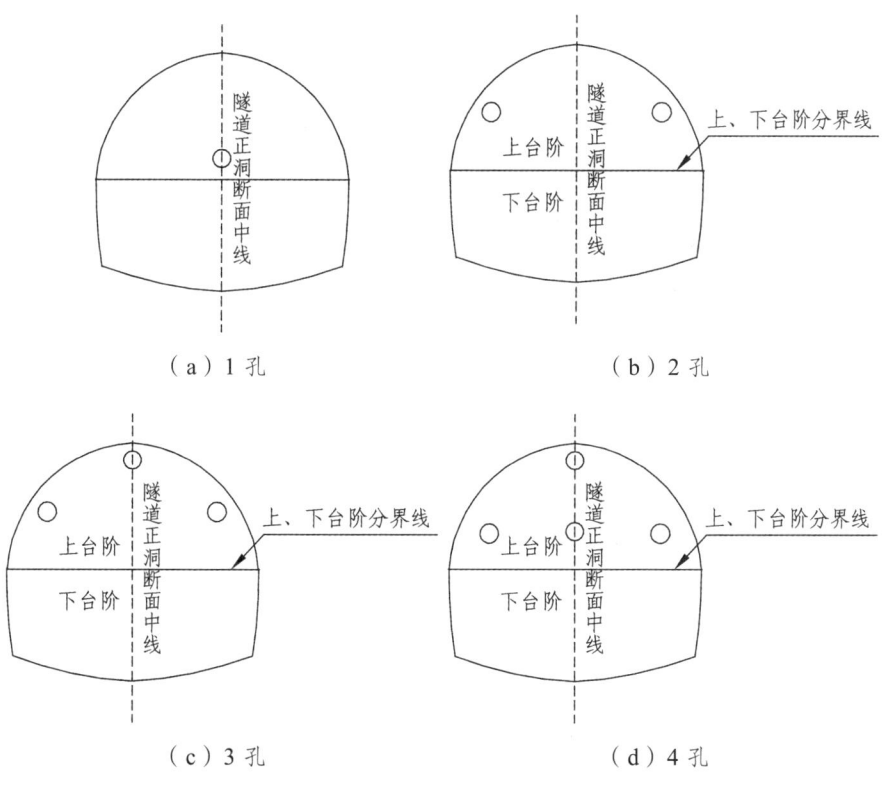

图 6.2 小三峡隧道超前钻孔孔位布置

在超前预报方面,我们可以根据初步探查,确定隧址区的岩溶发育分布情况(图6.3),再对岩溶的不同发育区采用不同的超前预测方法,例如大冶组、巴东组一段,岩溶发育强烈,此时可以采用超前4孔钻探,设置止水阀和测压装置。在遇岩溶富水发育区超前钻孔要终孔于隧道开挖轮廓线以外5~8 m,钻孔应穿透岩溶顶底板厚度,并进入后方岩体不小于5 m。

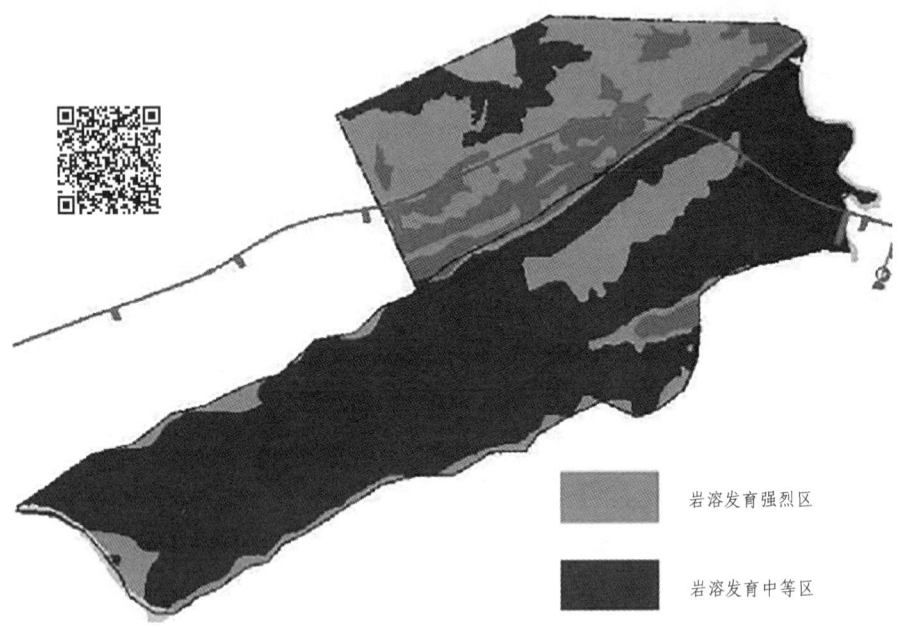

图6.3 小三峡隧道岩溶发育情况分布

6.3.2 注浆方案

注浆堵水加固技术是目前针对岩溶隧道使用范围最广的一种保证隧道施工安全的主要辅助工法。岩溶隧道注浆堵水加固方案主要包括超前预注浆和后注浆两种。

超前预注浆是指在开挖面采取超前钻孔,通过钻孔进行注浆施工,以达到注浆堵水、加固地层的目的。预注浆包括全断面超前预注浆、局部超前预注浆和探水孔超前预注浆三种。

6 小三峡岩溶隧道突水灾害注浆防治措施研究

后注浆是指在开挖施工及初期支护完成后,对支护面不能满足工程质量要求时而采取的一种注浆措施。后注浆包括径向注浆(含回填注浆)、局部注浆和补充注浆三种。

(1)注浆堵水加固方案的选择原则。

注浆方案的选择原则应以掌子面能否满足进行安全开挖施工为前提,并充分考虑开挖支护完成后采取后注浆的施工难度、施工质量保证、施工造价等综合因素。一般情况下,若掌子面前方地质条件能满足安全开挖施工要求,则应首先进行掌子面的开挖施工,在开挖施工完成后进行后注浆措施,以达到注浆堵水、加固围岩的目的;若掌子面前方地质条件不能满足安全开挖施工要求,则应首先在掌子面进行超前预注浆措施,以达到注浆堵水、加固围岩的目的,满足隧道的安全开挖施工要求。

(2)注浆方案选择标准。

注浆方案的选择标准主要参考设计原则,规范要求,现场进行的 TSP 超前地质预测预报资料、洞内地质素描分析资料以及现场超前地质探孔预测预报资料等。注浆方案选择标准如表 6.1 所示。

表 6.1 注浆方案选择标准

方 案	选择标准
方案一	① 可溶岩与非可溶岩接触带,断层破碎带及毛坝向斜核部; ② 施工中可能发生严重突水突泥等地段; ③ 探水孔流水量 ≥ 10 m^3/h
方案二	① 岩层接触带,物探电阻异常带; ② 施工中可能发生严重突水突泥等地段; ③ 探水孔流水量 ≥ 10 m^3/h
方案三	① 一般富水地段; ② 岩体完整,探水孔流水量 2 $m^3/h \leq Q \leq 10$ m^3/h,开挖后大面积淌水
方案四	① 一般富水地段; ② 岩体完整,探水孔流水量 2 $m^3/h \leq Q \leq 10$ m^3/h; ③ 开挖后局部有较大的流水; ④ 初支完成后要能满足铁道第二勘察设计院设计的排水量 ≤ 5 m^3/h 要求,要能确保结构防排水的等级需要

方案一为全断面超前预注浆方案,注浆加固范围为开挖工作面以及开挖轮廓线外 5 m(平导)/8 m(正洞)。

方案二为全断面超前预注浆方案,注浆加固范围为开挖工作面以及开挖轮廓线外 3 m(平导)/5 m(正洞)。

方案三为径向注浆加固方案,注浆加固范围为开挖轮廓线外 3 m(平导)/5 m(正洞)。

方案四为局部注浆和补充注浆加固方案。

6.3.3　全断面(局部)径向注浆施工

在小三峡隧道里程 P1D1K665+676.33～P1D1K672+000 段,岩溶发育强烈,突水突泥风险高,针对此段隧道的超前地质预测报告结果和开挖揭示情况,对于Ⅱ级、Ⅲ级围岩采用开挖后全断面(局部)径向注浆(图 6.4)。其处治方法如下:

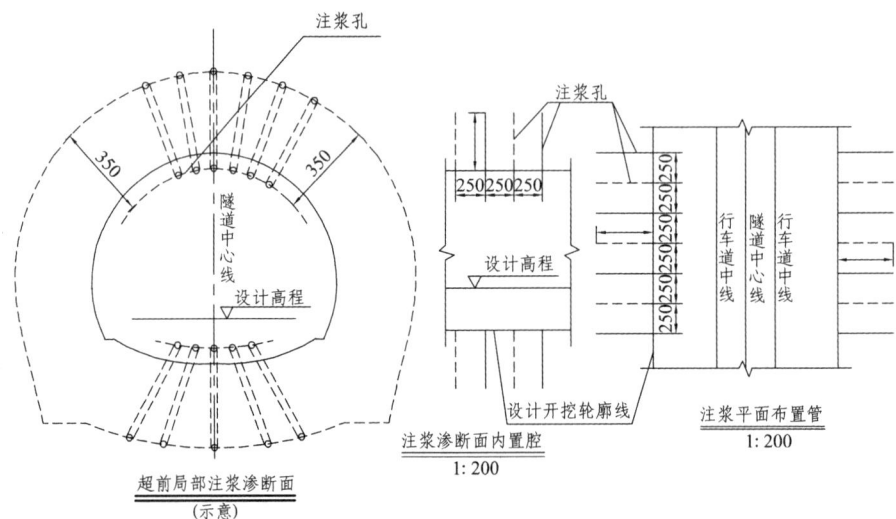

图 6.4　超前局部注浆(单位:cm)

局部径向注浆适用于以堵水为主的环境敏感地段,且水压和水量较小,围岩有一定的自稳能力,开挖后洞壁出水达到允许排放标准的地段，若开挖后洞壁仍有局部出水点或出水区域，则采用局部径向注浆堵水。注浆孔口环向间距150cm，纵向间距250cm，交错布置。注浆孔采用风机钻开孔，开孔直径 75 mm，终孔不得小于 42 mm，再埋入孔口管。孔口管采用ϕ42 mm、壁厚 3.5 mm 的钢花管，管长 1 m，孔口管应埋设牢固，并应有良好的制浆措施。一般情况下注浆材料采用水泥浆或水泥砂浆；若出水量较大，且水压>0.2 MPa 时，选用双液浆。当出水流速<1 m/d 作为结束标准时施工参考注浆量：0.1×注浆加固体积（扩散半径按 1 m 计）。

6.3.4 超前帷幕注浆施工

在小三峡隧道里程 P1D1K665+676.33～P1D1K672+000 段，岩溶发育强烈，突水突泥风险高，针对此段隧道的超前地质预测报告结果和开挖揭示情况，对于Ⅳ级、Ⅴ级围岩实施超前帷幕（局部）注浆（图 6.5），其处治方法如下：

（1）工程现场进行超前地质预报，基本探明掌子面前方断层破碎带、地下水位置。

（2）当掌子面前方一定距离存在软岩、富水、充填型溶洞等不良地质时，停止开挖施工，浇筑止浆墙，止浆墙采用 C20 混凝土，厚度按经验取值。

（3）当出现大股涌水时，先对掌子面出水点进行引流工作，然后清底，浇筑止浆墙。

（4）止浆墙分两段施工，第一段止浆墙起引水归槽作用，第二段止浆墙起到封闭形成止浆墙作用。止浆墙采用锚杆与岩面连接为一体，防止注浆时止浆墙滑移。止浆墙外轮廓较隧道开挖轮廓线扩大 50cm，止浆墙在浇筑混凝土前，必须预埋孔口管、排水管。孔口管露出止浆墙外 0.5 m。孔口管位置要求根据预先确定的坐标准确放样并固定，防止浇筑混凝土时位置变动，导致钻孔偏斜，影响注浆质量。

（5）选用全液压钻机及风动钻机，风动钻机主要用于开孔。注浆孔开孔直径不小于 108 mm，终孔直径不小于 90 mm。

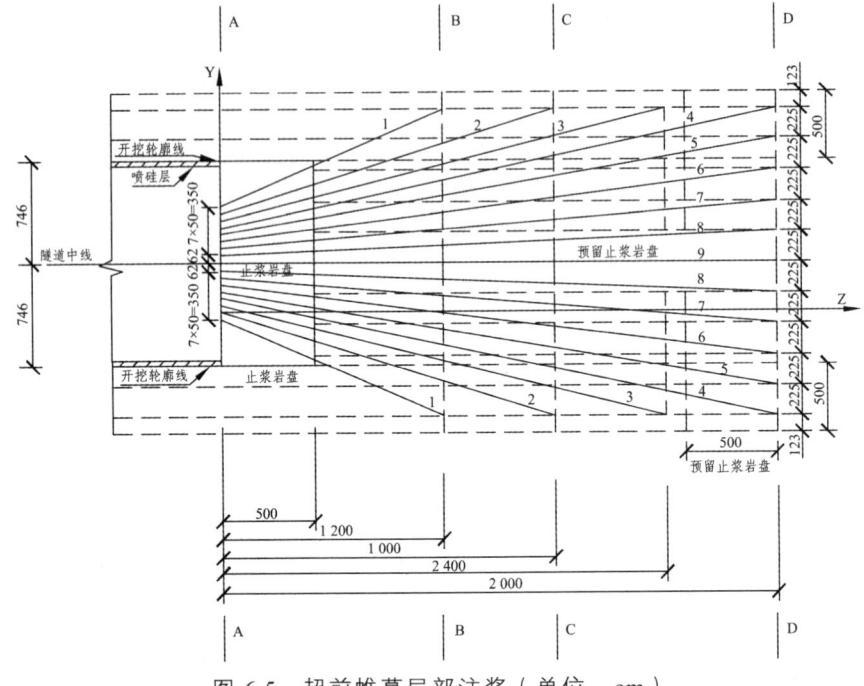

图 6.5 超前帷幕局部注浆（单位：cm）

（6）钻孔按先外圈、后内圈的顺序进行。内圈钻孔可参照外圈钻孔的顺序，后序孔可检查前序孔的注浆效果。

（7）制浆：采用水泥-水玻璃双液浆或水泥液浆。

① 注浆材料主要为水泥浆液，水泥水玻璃双液浆主要在封孔或涌突水时用。

② 水泥：32.5 号普通硅酸盐水泥，水玻璃波美度这 40 °Bé，水泥浆水灰比=（0.8～1）∶1，水泥浆∶水玻璃浆液=1∶0.8。

（8）每一循环注浆长度为 30 m，开挖 25 m，并保留 5 m 止浆岩盘。注浆孔扩散半径 1.5 m，孔底间距 2 m 布置，钻孔孔径 ϕ108，注浆范围为隧道开挖轮廓线外 5 m，注浆终压为 1.5～2 MPa，注浆前进行压水试验，修正注浆参数。注浆顺序先内圈后外圈、同一圈孔间隔施工，由于岩层较破碎，1、2、3、4 环各孔应采取前进式分段注浆，5、6、7、8

环各孔应采取后退式分段注浆，注浆范围为孔底至开孔方向 5 m。

（9）注浆控制标准：

① 单孔水量 10 L/min 或超前钻孔中水量超过 0.4 L/(min·m) 时应进行注浆。

② 单孔结束标准：

注浆压力逐步升高至设计终压，并继续注浆 10 min 以上。

注浆结束时的进浆量小于 20 L/min。

检查孔涌水量小于 0.2 L/(m·min)。

检查孔钻取岩芯，浆液充填饱满。

③ 全段结束标准：

所有注浆孔均已符合单孔结束条件，无漏注现象。

注浆后预测涌水量小于 3 m^3/(m·d)。

浆液有效注入范围大于设计值。

存在环保水保要求时，应结合相关规定研究结束标准。

（10）注浆完成后，应根据每孔的钻孔及注浆记录进行认真检查分析。每循环设不小于 3 孔取芯检查孔，若发现注浆效果未达要求，应进行补注浆。当注浆完成后，结合超前管幕加固措施，实施开挖，根据围岩特性选择台阶法或双侧壁导坑法开挖施工，开挖到预留段落作为下阶段超前注浆层的止浆岩盘，并开始下阶段超前帷幕注浆施工。

6.3.5 超前大管棚施工

隧道进口地处大宁河右岸斜坡中下部，由嘉陵江组三段和四段灰岩、白云质灰岩夹白云岩组成，节理较发育，岩体结构破碎，开挖时易产生岩体垮塌现象，但岩溶不发育，对于进洞段自稳能力差的 V 级围岩地段，采用超前大管棚（图 6.6）。其处治方法如下：导向墙采用 C20 混凝土，纵向长度为 1 m，厚度为 1 m（拱脚处为 1.5 m），环向长度可根据具体工点实际情况确定，导向墙基础需置稳定基础或具有足够的承载力；导向墙基础需嵌入管棚作业平台不小于 0.5 m，必要时应加深或进行加固处理。导向墙施工前，应先施作管棚施工作业平台以上型钢钢架。

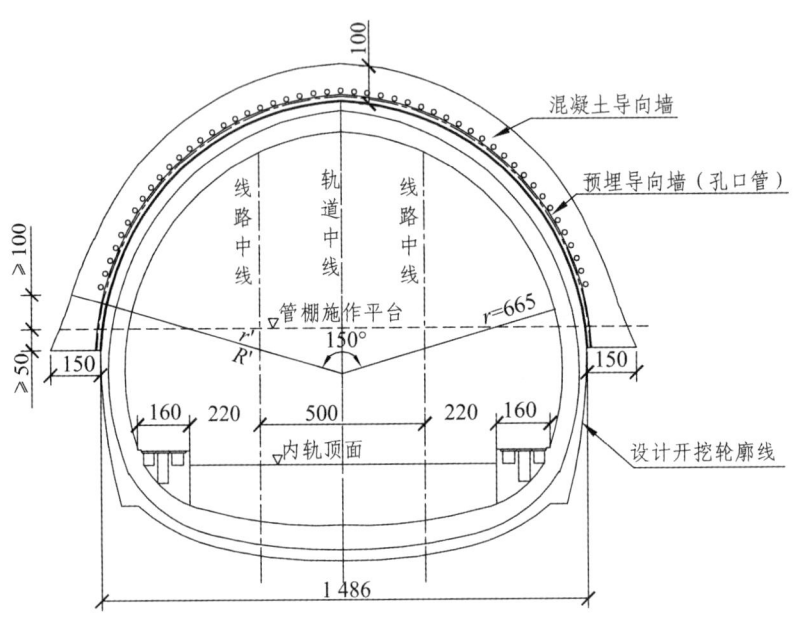

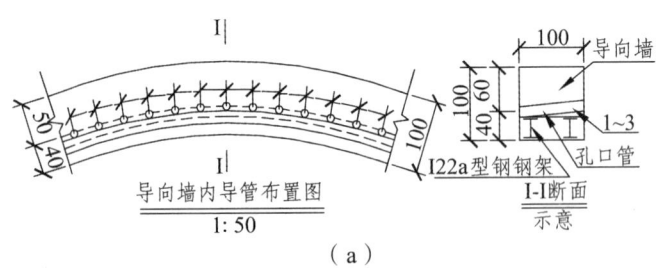

(a)

6 小三峡岩溶隧道突水灾害注浆防治措施研究

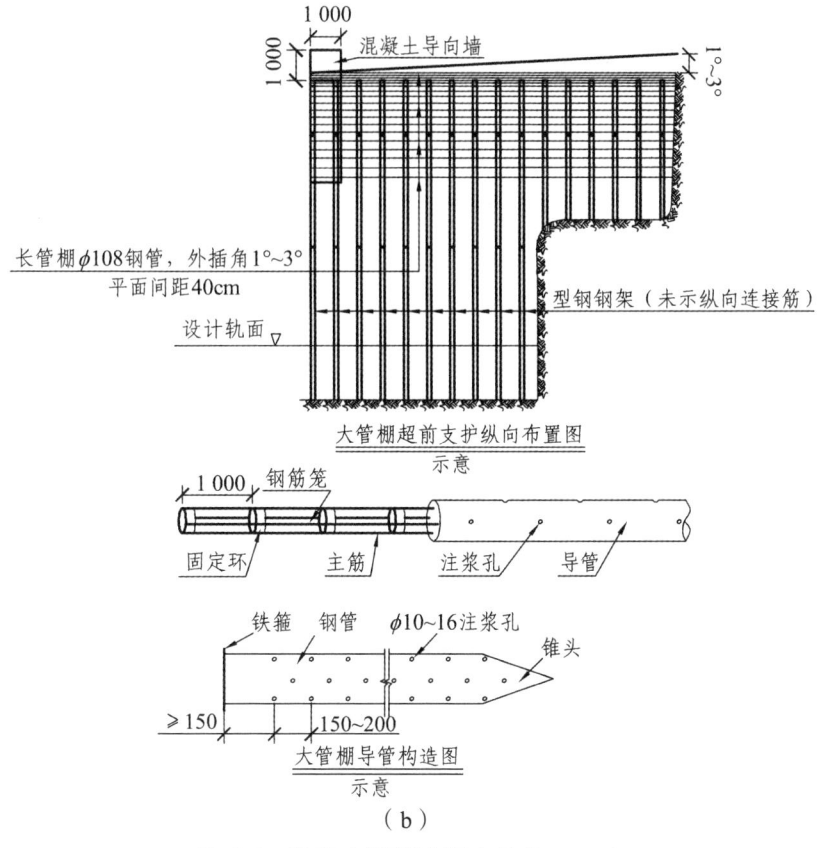

(b)

图 6.6 超前大管棚注浆（单位：cm）

大管棚采用热轧无缝钢花管，外径 108 mm，壁厚 6 mm。导管环向设置间距应根据地层性质（裂隙、地下水等）、地层压力、导管设置部位、钻孔机具性能及隧道开挖方法等条件确定，一般为 30~50 cm，外插角以 1°~3°为宜，可根据实际情况作调整。注浆材料选用水泥浆或水泥砂浆。当围岩破碎、地下水发育时，为调凝需要，可部分采用水泥-水玻璃双液浆，要求浆液强度等级不小于 M10。采用单孔注浆结束标准：

① 注浆压力逐步升高，当达到设计终压并稳定 10 min。
② 注浆量不小于设计注浆量的 80%。
③ 进浆速度为开始进浆速度的 1/4。大管棚每环施作长度以 15~

35 m 为宜。钢管分段安装，分段长度为 4~6 m，两段之间采用套管连接。单环或终环大管棚尾部 5 m 范围一般宜设小管棚搭接；纵向两组管棚间的搭接长度视开挖空间大小、掌子面封闭与否确定，一般为 5 m。大管棚预支护施作后，开挖过程中应加强监控量测，其中地表沉降、拱顶下沉和净空变化，洞内外观察为必测项目。根据检测反馈信息及时采取相应的措施以保证施工安全和施工质量。导管上钻注浆孔，孔径 10~16 mm，孔间距 15~20 cm，呈梅花形布置，尾部留不小于 150 cm 的不钻孔的止浆墙。注浆压力一般为 1.0~2.0 MPa，具体浆液配合比和注浆压力由现场根据实际地质情况试验确定，钻孔长度=大管棚根数×单根管棚长度，注浆量=加固围岩体积×地层充填率。

6.3.6 超前中管棚施工

超前中管棚注浆（图 6.7）用于洞身地段自稳能力差、岩体结构松散破碎或处于全风化层、土质地层的隧道浅埋段，必要时可与超前小导管联合使用。其处治措施如下：中管棚选用热轧无缝钢花管，外径 76 mm，壁厚 4.5 mm。导管环向设置间距应根据地层性质（裂隙、地下水等）、地层压力、导管设置部位、钻孔机具性能及隧道开挖方法等条件确定，一般为 30~50 cm，外插角以 1°~5°为宜，可根据实际情况作调整。注浆材料选用水泥浆或水泥砂浆。当围岩破碎、地下水发育时，为调凝需要，可部分采用水泥-水玻璃双液浆，要求浆液强度等级不小于 M10。中管棚长度为 8 m，两组中管棚间搭接不小于 3 m 中管棚预支护施作后，开挖过程中应加强监控量测，其中地表沉降、拱顶下沉和净空变化，洞内外观察为必测项目。根据检测反馈信息及时采取相应的措施以保证施工安全和施工质量。中管棚采用热轧无缝钢管制成，管壁须钻注浆孔，孔径 8~10 mm，孔间距 10~20 cm，呈梅花形布置，前端加工成锥形，尾部长度不小于 30 cm，作为不钻孔的制浆段。注浆压力一般为 0.5~1.0 MPa，具体浆液配合比和注浆压力由现场试验确定。

6 小三峡岩溶隧道突水灾害注浆防治措施研究

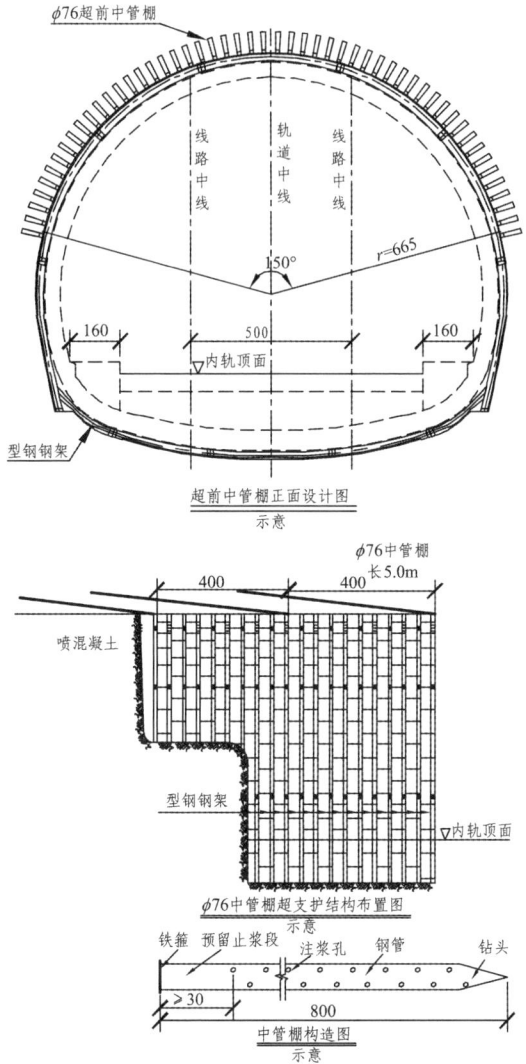

图 6.7 超前中管棚注浆（单位：cm）

6.3.7 超前小导管施工

超前小导管施工（图 6.8）用于Ⅳ级、Ⅴ级围岩拱部设超前小导管注浆预支护地段。超前小导管与型钢钢架（格栅钢架）组合而成的预支

147

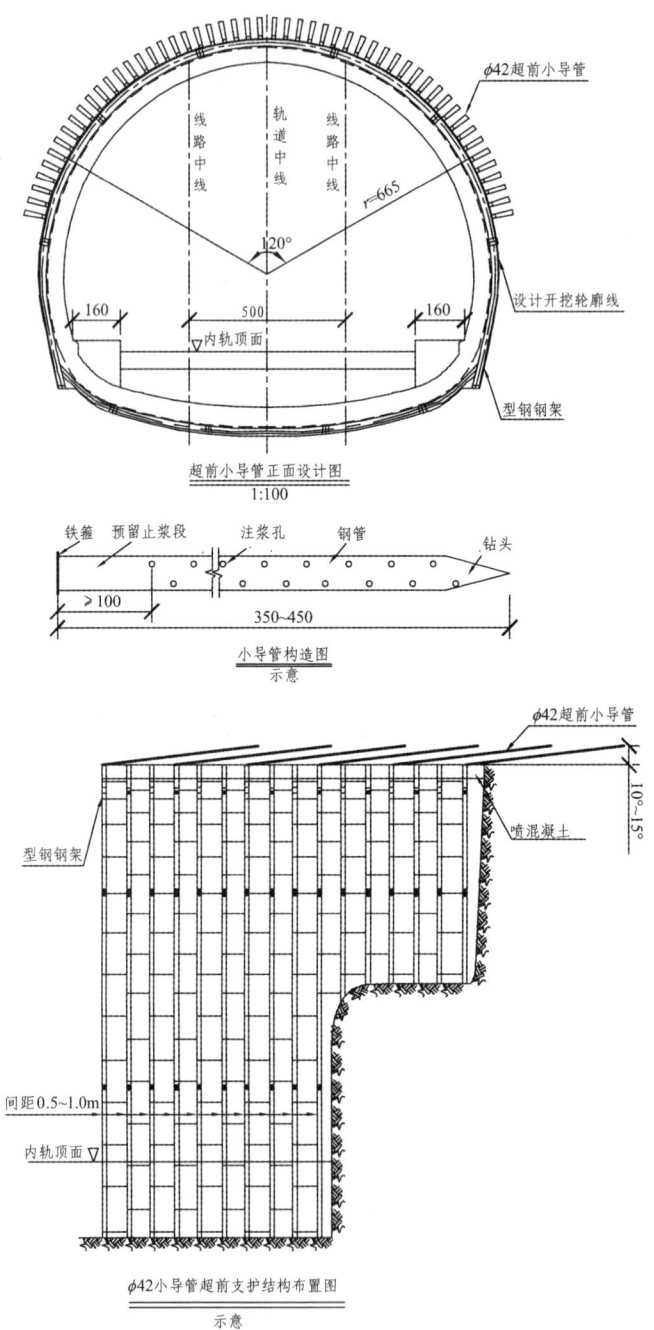

图 6.8 超前小导管注浆（单位：cm）

护系统，具有类似管棚的作用。其处治措施如下：超前小导管选用 ϕ42 mm 热轧无缝钢花管，壁厚 3.5 mm。小导管环向间距 V 级围岩地段取 40 cm，Ⅳ 级围岩地段取 50 cm。外插角一般为 10°~15°，可根据实际情况作调整。每根小导管长度一般为 3~5 m，两组小导管或超前锚杆间纵向水平搭接长度不小于 100 cm。注浆材料选用水泥浆或水泥砂浆。当围岩破碎、地下水发育时，为调凝需要，可部分采用水泥-水玻璃双液浆，要求浆液强度等级不小于 M10。小导管前部钻注浆孔，孔径 6~8 mm，孔间距 20~30 cm，呈梅花形布置，前端加工成锥形，尾部长度为 1 m，作为不钻孔的止浆段。注浆压力一般为 0.5~1.0 MPa，具体浆液配合比和注浆压力由现场根据地质条件试验确定。超前小导管应在隧道开挖前完成，超前小导管的纵向间距应结合相应的钢架间距来确定，其相邻两环的搭接长度不应小于 1 m。每环注浆完成后进行注浆效果检查，从检测孔进行孔内取芯及孔内成像综合检测，检查效果不良时应进行补注浆。

6.3.8 超前周边注浆施工

超前周边注浆（图 6.9）用于小三峡隧道断层及其破碎带段落且非高压富水区，以及地下水发育的可溶岩与非可溶岩的接触带段落和地表环境敏感，因地下水流失可能引发地表植被或居民生产、生活受到影响的段落。注浆范围为开挖线外 5 m。每一循环注浆长度为 30 m，开挖 25 m，预留 5 m 止浆岩盘。第一循环注浆前需设置纵向 1 m 厚 C20 混凝土止浆墙，注浆孔按浆液扩散半径 2 m，孔底间距按 3 m 布设，每一循环共设 4 环注浆孔，注浆孔开孔直径不小于 108 mm，终孔直径不小于 90 mm，钻孔和注浆顺序由外向内，同一圈孔间隔施工。原则上均采用后退式注浆，如岩层破碎容易造成坍孔时，可采用前进式注浆。钻进过程中遇涌水或因岩层破碎造成卡钻时，应停止钻进，进行注浆、扫孔后再进行钻进。

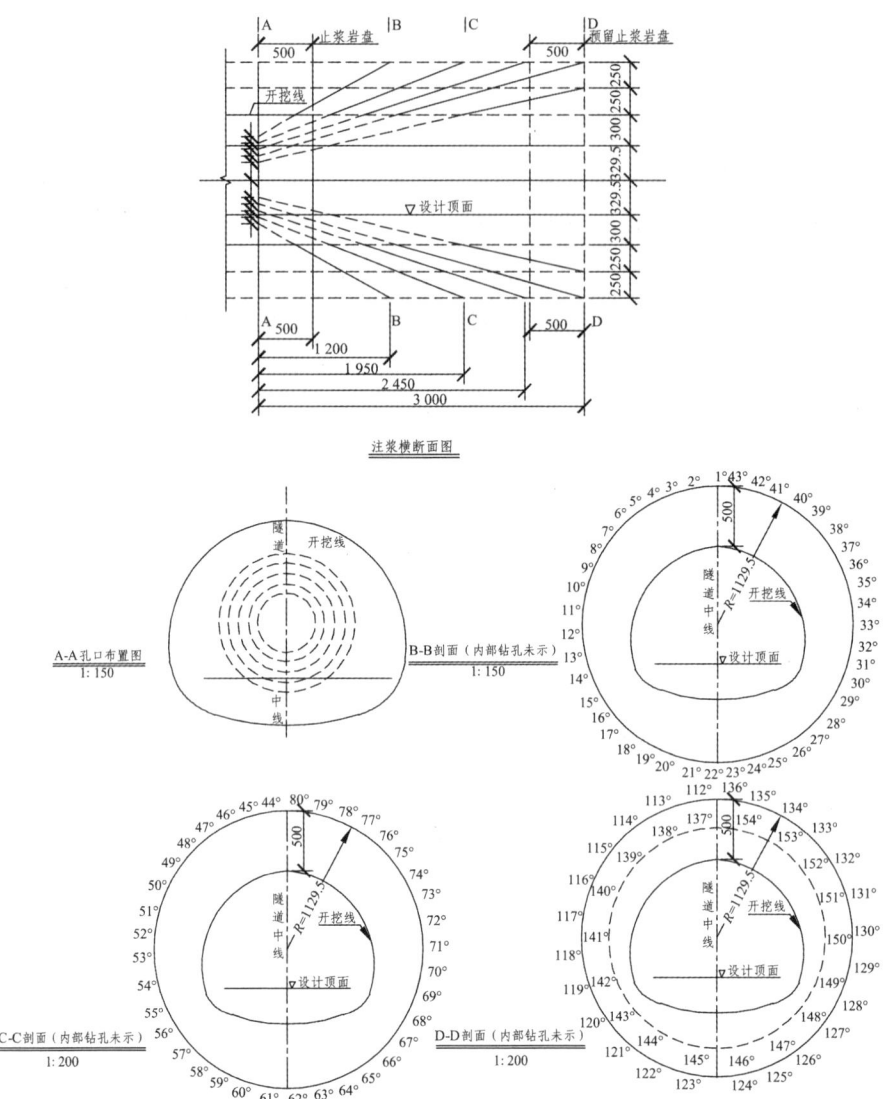

图 6.9 超前周边注浆（单位：cm）

6.3.9 正洞超前探水遇溶洞溶槽涌水处理

当隧道正洞超前探水遇溶洞溶槽涌水时，其处治措施（图 6.10）如下：当涌水量及涌水压力不大时（小于 0.5MPa）使用孔口安装止浆塞直

6 小三峡岩溶隧道突水灾害注浆防治措施研究

接利用探水孔进行注浆,若涌水量及压力较大,则在出水孔口处 2~4 m 范围内钻一至二个分流孔,以减小涌水压力,有利于注浆,探水孔和分流孔均作为注浆孔。若孔口段岩石破碎,应安设孔口管,孔口管安设前先用麻丝棉纱等缠绕孔口管,然后打入注浆孔,孔口与岩壁之间用膨胀快硬水泥堵塞,然后注浆,注浆完毕后,封堵孔口。当涌水压力较小,且空洞较大时,可考虑采用混凝土输送泵压注 C15 混凝土充填。注浆材料选用水泥浆或水泥砂浆。注浆结束标准:

① 出水点水流无水压。

② 出水量<0.2 L/s,施工参考注浆量:0.1×注浆加固体积(扩散半径 1 m 计)。

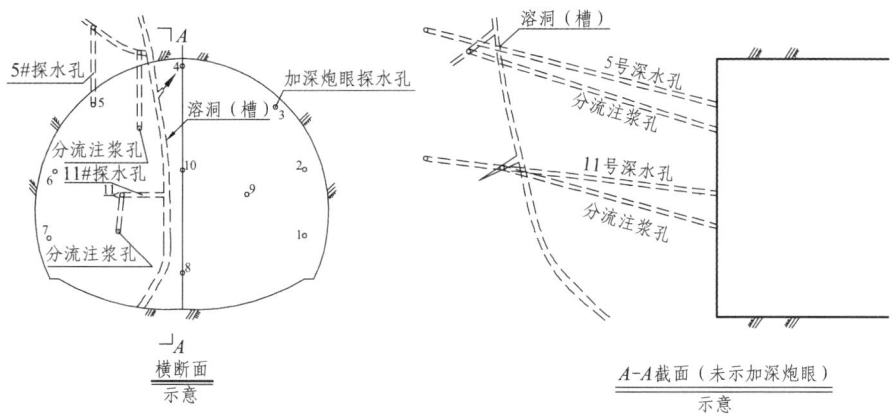

图 6.10 溶洞溶槽涌水处理

6.3.10 注浆时机

岩溶地区由于多分布层状灰岩,而构成了许多大型含水构造系统,如巨型溶洞、溶腔及暗河等,在隐伏大型静储量含水构造系统及岩溶堆积体区段的隧道开挖过程中,防突层对隧道围岩及含水构造系统的稳定性发挥着关键控制作用。

在目前所有岩溶隧道突水防治对策中,注浆堵水是运用最广泛的方案。在岩溶水发育地段,如果溶洞规模较大,溶洞内部充填了大量的溶蚀物，且含有丰富的地下水，一旦揭穿，则可能发生大规模的突水、突泥，严重影响施工安全，同时地下水大量排放可能影响当地生态环境时，则应采用"以堵为主，限量排放"的原则，采取全断面注浆加固的方法。

当隧道开挖时，前方存在隐伏高压水体时，开挖面的突水不仅和防突层厚度、围岩参数及高压水体性质有关，开挖掘进速度及开挖步也对其有影响。当开挖进度过快或开挖步长时，围岩还没来得及产生破坏区就被开挖除，开挖进入安全距离范围内便会发生完整岩体断裂，进而导致涌突水灾害；当开挖进度过慢时，围岩应力得以重分布，并结合高压水体的多重作用，隧道围岩出现应力集中并萌生裂纹群，裂纹群的不断扩散发育并扩展贯通，逐渐形成周围高压裂隙水汇集带，高压裂隙水产生的拉应力逐渐增大，当到达岩体的抗拉强度临界状态时，裂纹随时将被拉开，并随着隧道开挖、爆破等扰动，终将形成一定范围的破坏区，当隧道开挖掘进到该范围时发生突水。

因此，注浆时机的选择需要根据隧道岩溶发育地段的不同工程地质、水文地质情况，并结合施工中超前地质预测预报等措施综合分析的成果进行初步选定。通过注浆加固围岩，限制排水量，保证隧道洞室稳定，确保施工及运营安全，实现有控制排放，减少（防止）水资源流失。如隧道埋深不大，并且通过地表钻孔、水化学分析、连通试验、地面沉降和地下水位变化观测等手段，确定了溶管或溶洞的位置和发育方向，岩溶发育情况比较简单，可通过地面局部注浆、帷幕注浆等方法阻断岩溶水下渗的通道并对地层进行加固，保证隧道开挖不受岩溶的影响。地表注浆的注浆压力应随着钻孔深度而变化，一般不超过上覆土压和水压之和的 0.5 倍。

6.4 本章小结

本章主要内容是研究小三峡岩溶隧道突水注浆的原理、方法和时机。通过本章的研究，得到成果如下：

6 小三峡岩溶隧道突水灾害注浆防治措施研究

（1）小三峡隧道岩溶隧道预防突水注浆时需要严格遵循防治原则，需在第 5 章得到的岩溶隧道最小防突层厚度以外的距离进行提前注浆处理。

（2）严格及时地对隧道周围和掌子面前方进行超前地质预测预报工作，以便及时调整工程措施，确保施工及结构安全。

（3）小三峡岩溶隧道突水注浆时机需要根据隧道岩溶发育地段的不同工程地质、水文地质情况，并结合施工中超前地质预测预报等措施综合分析的成果进行选定。

7 结　论

本书以郑万铁路小三峡隧道为研究背景，对岩溶隧道突水机理进行了理论研究，采用数值模拟和理论相结合的方法，开展了小三峡岩溶隧道突水机理和防治措施研究。主要研究成果如下：

（1）根据小三峡隧道前期地质勘察工程地质和水文地质资料，总结了小三峡隧道围岩岩体结构特点和隧道沿线的岩溶发育特征，在此基础上提出了岩溶隧道围岩岩体结构的概化模型，为后续研究岩溶隧道突水机理奠定了基础。

（2）在岩溶隧道围岩岩体结构概化模型基础上采用离散元 3DEC 软件建立了小三峡隧道围岩岩体水力模型，针对小三峡隧道围岩周围存在隐伏空溶洞、隐伏充水溶洞的情况，考虑溶洞与隧道的空间位置不同，设置了 6 种典型工况，计算了溶洞与隧道间存在不同间距时隧道围岩的位移和应力变化规律；然后在此基础上考虑围岩渗流场的影响，计算了隧道围岩位移、应力和岩体孔隙水压力规律，为后续分析岩溶隧道突水判据奠定了基础。

（3）在分析岩溶隧道典型突水机理的基础上，针对小三峡隧道围岩节理发育的特点，提出了小三峡隧道围岩突水的剪切破坏和劈裂破坏机理，并采用断裂力学方法提出了基于剪切破坏和劈裂破坏机理的临界水压力计算公式；然后在此基础上，采用有限元方法建立岩溶隧道平面应变模型，研究了当岩溶位于隧道拱顶、掌子面前方和隧道底部时，避免岩溶隧道围岩突水的最小防突层厚度，为指导小三峡隧道施工提供了技术支持。

（4）在介绍岩溶隧道突水防治的基础上，针对小三峡隧道的特点，开展了小三峡隧道突水预防超前地质预报方法和注浆防治措施研究，研究成果可为小三峡隧道施工中的岩溶突水灾害提供技术指导。

附录

附录一 隐伏空溶洞对隧道围岩应力和位移影响的计算结果

附表1 隐伏空溶洞相对隧道不同距离时围岩的应力和位移情况

溶洞与隧道的间距			1 m	3 m	5 m	7 m	9 m
溶洞位于隧道拱顶位置	测点 1	位移	−12.00	−11.80	−11.85	−11.79	−11.98
		应力	−0.33	−0.29	−0.22	−0.21	−0.22
	测点 2	位移	−11.49	−10.59	−10.58	−10.51	−10.75
		应力	−0.23	−0.71	−0.83	−0.84	−1.02
	测点 3	位移	−5.73	−5.80	−5.83	−5.83	−5.78
		应力	−3.22	−3.44	−3.45	−4.27	−4.27
	测点 4	位移	−5.00	−5.04	−5.07	−5.08	−5.02
		应力	−1.08	−1.13	−1.13	−1.11	−1.10
	测点 5	位移	−1.42	−1.42	−1.42	−1.41	−1.42
		应力	−0.16	−0.16	−0.16	−0.17	−0.15
	测点 6	位移	−4.46	−4.36	−4.45	−4.34	−4.43
		应力	−11.03	−10.80	−11.28	−10.75	−11.11
	测点 7	位移	−6.61	−6.46	−6.65	−6.46	−6.63
		应力	−5.72	−5.46	−5.81	−5.47	−5.77
	测点 8	位移	−7.92	−7.61	−7.95	−7.63	−7.93
		应力	−1.11	−0.90	−1.05	−0.94	−1.14

续附表

溶洞与隧道的间距			1 m	3 m	5 m	7 m	9 m
溶洞位于隧道右拱肩位置	测点 1	位移	-17.36	-18.00	-12.62	-19.55	-19.29
		应力	-0.39	-0.44	-0.20	-0.29	-0.31
	测点 2	位移	-17.35	-17.81	-12.55	-19.55	-19.36
		应力	-0.23	-0.20	-0.12	-0.11	-0.06
	测点 3	位移	-4.88	-5.19	-5.56	-5.37	-5.40
		应力	-3.14	-3.20	-3.70	-3.40	-2.82
	测点 4	位移	-4.06	-4.56	-4.27	-4.11	-4.76
		应力	-0.74	-2.29	-0.85	-2.16	-0.96
	测点 5	位移	-1.40	-1.47	-1.45	-1.40	-1.41
		应力	-0.15	-0.14	-0.16	-0.14	-0.14
	测点 6	位移	-4.40	-4.41	-4.58	-4.43	-4.32
		应力	-10.63	-11.30	-11.30	-10.99	-10.39
	测点 7	位移	-6.48	-6.61	-6.82	-6.58	-6.33
		应力	-5.45	-5.57	-6.04	-5.61	-5.22
	测点 8	位移	-7.67	-7.81	-8.22	-7.80	-7.45
		应力	-0.95	-0.90	-1.39	-0.97	-0.87
溶洞位于隧道右拱腰位置	测点 1	位移	-19.69	-19.40	-20.49	-20.05	-18.32
		应力	-0.12	-0.18	-0.29	-0.24	-0.37
	测点 2	位移	-19.67	-19.38	-20.45	-20.01	-18.28
		应力	-0.17	-0.10	-0.20	-0.13	-0.20
	测点 3	位移	-5.45	-5.41	-5.42	-5.41	-5.39
		应力	-5.64	-3.67	-2.69	-2.79	-2.78
	测点 4	位移	-4.00	-4.13	-4.80	-4.78	-4.76
		应力	-2.24	-1.01	-1.02	-2.24	-1.02
	测点 5	位移	-1.42	-1.41	-1.46	-1.41	-1.39
		应力	-0.16	-0.15	-0.17	-0.17	-0.15
	测点 6	位移	-4.32	-4.44	-4.67	-4.29	-4.36
		应力	-11.39	-11.67	-12.61	-11.29	-11.55
	测点 7	位移	-6.41	-6.58	-7.00	-6.36	-6.49
		应力	-5.27	-5.49	-5.98	-5.23	-5.41
	测点 8	位移	-7.53	-7.78	-8.28	-7.48	-7.66
		应力	-0.88	-0.94	-1.06	-0.91	-0.91

续附表

溶洞与隧道的间距			1 m	3 m	5 m	7 m	9 m
溶洞位于隧道拱底位置	测点 1	位移	−11.65	−11.43	−11.56	−17.98	−17.27
		应力	−0.23	−0.21	−0.23	−0.25	−0.39
	测点 2	位移	−11.11	−10.86	−10.99	−17.94	−17.22
		应力	−0.61	−0.85	−0.88	0.00	−0.17
	测点 3	位移	−5.82	−5.86	−5.86	−5.32	−5.38
		应力	−3.40	−3.40	−4.32	−3.36	−3.34
	测点 4	位移	−5.06	−5.10	−5.10	−4.69	−4.75
		应力	−1.48	−1.26	−0.85	−2.20	−1.07
	测点 5	位移	−1.40	−1.50	−1.50	−1.49	−1.46
		应力	−0.25	−0.22	−0.23	−0.21	−0.19
	测点 6	位移	−4.43	−4.37	−4.34	−4.40	−4.37
		应力	−5.89	−10.71	−10.45	−10.58	−10.28
	测点 7	位移	−6.57	−6.45	−6.38	−6.44	−6.36
		应力	−5.63	−5.45	−5.31	−5.37	−5.27
	测点 8	位移	−7.82	−7.60	−7.49	−7.60	−7.51
		应力	−1.09	−0.85	−0.82	−0.95	−0.94
溶洞位于隧道左拱腰方向	测点 1	位移	−17.01	−20.21	−21.07	−17.20	−19.91
		应力	−0.35	−0.23	−0.27	−0.33	−0.26
	测点 2	位移	−16.97	−20.19	−21.02	−17.18	−19.85
		应力	−0.04	−0.07	−0.13	−0.13	−0.11
	测点 3	位移	−5.31	−5.39	−5.35	−5.30	−5.38
		应力	−2.80	−2.90	−2.85	−2.81	−2.90
	测点 4	位移	−4.68	−4.74	−4.72	−4.67	−4.73
		应力	−0.95	−1.04	−0.96	−1.02	−1.00

续附表

溶洞与隧道的间距			1 m	3 m	5 m	7 m	9 m
溶洞位于隧道左拱腰方向	测点5	位移	−1.39	−1.42	−1.39	−1.40	−1.42
		应力	−0.14	−0.15	−0.15	−0.15	−0.16
	测点6	位移	−4.12	−4.34	−4.21	−4.33	−4.44
		应力	−10.11	−11.54	−11.02	−11.46	−11.81
	测点7	位移	−6.50	−6.47	−6.23	−6.43	−6.60
		应力	−7.71	−5.43	−5.08	−5.35	−5.49
	测点8	位移	−7.80	−7.68	−7.31	−7.58	−7.78
		应力	−0.98	−0.72	−0.91	−0.89	−0.89
溶洞位于隧道左拱肩方向	测点1	位移	−18.48	−12.36	−12.70	−17.16	−20.65
		应力	−0.37	−0.22	−0.18	−0.21	−0.25
	测点2	位移	−18.41	−12.32	−12.70	−17.17	−20.51
		应力	−0.09	−0.14	−0.10	−0.16	−0.16
	测点3	位移	−5.30	−5.59	−5.56	−5.34	−5.36
		应力	−3.37	−3.07	−3.06	−3.28	−3.42
	测点4	位移	−4.67	−4.89	−4.87	−4.71	−4.72
		应力	−0.78	−1.10	−0.68	−1.04	−1.02
	测点5	位移	−1.41	−1.41	−1.42	−1.40	−1.39
		应力	−0.14	−0.15	−0.16	−0.14	−0.13
	测点6	位移	−4.23	−4.18	−4.42	−4.42	−4.26
		应力	−9.78	−9.69	−5.82	−11.06	−10.40
	测点7	位移	−6.14	−6.22	−6.64	−6.61	−6.32
		应力	−5.35	−4.62	−6.22	−5.74	−5.29
	测点8	位移	−8.05	−7.79	−8.07	−7.85	−7.43
		应力	−0.72	−1.28	−1.56	−0.91	−0.87

注：表中应力单位为 MPa，位移单位为 mm。

附录二 隐伏充水溶洞对隧道围岩应力和位移影响的计算结果

附表 2　隐伏充水溶洞相对隧道不同距离时围岩的应力和位移情况

溶洞与隧道的间距			1 m	3 m	5 m	7 m	9 m
溶洞位于隧道拱顶位置	测点 1	位移	-21.04	-28.65	-19.91	-19.70	-22.40
		应力	-0.37	-0.34	-0.27	-0.20	-0.22
	测点 2	位移	-21.30	-29.05	-19.86	-19.87	-22.87
		应力	-0.12	-0.02	-0.11	-0.04	-0.09
	测点 3	位移	-5.39	-5.26	-5.34	-5.37	-5.33
		应力	-2.83	-2.68	-2.82	-3.35	-3.28
	测点 4	位移	-4.75	-4.65	-4.70	-4.73	-4.71
		应力	-1.01	-1.01	-1.02	-1.02	-1.01
	测点 5	位移	-1.38	-1.42	-1.42	-1.41	-1.38
		应力	-0.15	-0.16	-0.16	-0.17	-0.14
	测点 6	位移	-4.36	-4.49	-4.49	-4.37	-4.33
		应力	-10.54	-11.10	-11.27	-10.72	-10.66
	测点 7	位移	-6.40	-6.67	-6.68	-6.47	-6.43
		应力	-5.27	-5.63	-5.67	-5.38	-5.39
	测点 8	位移	-7.56	-7.86	-7.89	-7.64	-7.57
		应力	-0.93	-1.06	-0.95	-0.96	-0.97
溶洞位于隧道右拱肩位置	测点 1	位移	-12.63	-12.06	-11.84	-11.95	-12.52
		应力	-0.51	-0.34	-0.28	-0.21	-0.23
	测点 2	位移	-12.48	-11.36	-10.99	-10.99	-12.40
		应力	-0.12	-0.28	-0.88	-0.91	-0.09
	测点 3	位移	-5.21	-5.70	-5.85	-5.89	-5.65
		应力	-3.87	-4.16	-4.32	-4.31	-3.09

续附表

溶洞与隧道的间距			1 m	3 m	5 m	7 m	9 m
溶洞位于隧道右拱肩位置	测点4	位移	-4.31	-4.92	-4.36	-4.42	-4.95
		应力	-0.80	-2.60	-0.87	-2.45	-1.04
	测点5	位移	-1.42	-1.46	-1.44	-1.42	-1.43
		应力	-0.15	-0.14	-0.15	-0.15	-0.14
	测点6	位移	-4.49	-4.33	-4.51	-4.42	-4.48
		应力	-10.99	-11.23	-11.01	-11.00	-10.99
	测点7	位移	-6.66	-6.55	-6.69	-6.58	-6.63
		应力	-5.79	-5.71	-5.85	-5.67	-5.75
	测点8	位移	-7.97	-7.83	-8.02	-7.85	-7.95
		应力	-1.26	-1.11	-1.33	-1.07	-1.32
溶洞位于隧道右拱腰方向	测点1	位移	-17.26	-17.53	-16.37	-18.58	-12.63
		应力	-0.37	-0.35	-0.36	-0.31	-0.22
	测点2	位移	-17.25	-17.53	-16.34	-18.64	-12.68
		应力	-0.38	-0.22	-0.20	-0.14	-0.12
	测点3	位移	-5.68	-5.52	-5.44	-5.35	-5.63
		应力	-5.14	-3.34	-2.44	-2.64	-2.87
	测点4	位移	-4.14	-4.14	-4.85	-4.74	-4.96
		应力	-2.44	-1.11	-1.08	-2.23	-1.10
	测点5	位移	-1.43	-1.42	-1.43	-1.42	-1.44
		应力	-0.15	-0.15	-0.16	-0.16	-0.16
	测点6	位移	-4.32	-4.39	-4.44	-4.28	-4.48
		应力	-11.33	-11.47	-11.78	-11.20	-12.06
	测点7	位移	-6.40	-6.48	-6.61	-6.34	-6.71
		应力	-5.23	-5.33	-5.55	-5.21	-5.76
	测点8	位移	-7.53	-7.64	-7.82	-7.48	-8.03
		应力	-0.93	-0.91	-1.01	-0.97	-1.18

续附表

溶洞与隧道的间距			1 m	3 m	5 m	7 m	9 m
溶洞位于隧道拱底方向	测点 1	位移	-11.62	-11.43	-11.59	-16.55	-16.27
		应力	-0.23	-0.21	-0.24	-0.42	-0.31
	测点 2	位移	-11.10	-10.88	-11.02	-16.55	-16.28
		应力	-0.62	-0.85	-0.89	-0.07	-0.17
	测点 3	位移	-5.85	-5.88	-5.89	-5.37	-5.38
		应力	-3.34	-3.37	-4.31	-3.37	-3.36
	测点 4	位移	-5.11	-5.14	-5.13	-4.75	-4.76
		应力	-0.95	-1.02	-0.75	-2.10	-1.03
	测点 5	位移	-1.73	-2.23	-2.65	-2.26	-2.07
		应力	-0.42	-0.46	-0.61	-0.41	-0.30
	测点 6	位移	-4.50	-4.39	-4.42	-4.48	-4.50
		应力	-6.38	-10.73	-10.27	-10.56	-10.24
	测点 7	位移	-6.62	-6.48	-6.44	-6.52	-6.49
		应力	-5.52	-5.42	-5.24	-5.38	-5.28
	测点 8	位移	-7.86	-7.62	-7.54	-7.69	-7.64
		应力	-1.07	-0.84	-0.82	-0.95	-0.97
溶洞位于隧道左拱腰位置	测点 1	位移	-17.27	-18.97	-20.81	-17.55	-17.83
		应力	-0.31	-0.24	-0.28	-0.25	-0.21
	测点 2	位移	-17.22	-18.91	-20.77	-17.52	-17.77
		应力	-0.14	-0.16	-0.13	-0.16	-0.13
	测点 3	位移	-5.29	-5.32	-5.39	-5.32	-5.33
		应力	-2.80	-2.86	-2.85	-2.80	-2.84
	测点 4	位移	-4.66	-4.67	-4.75	-4.68	-4.70
		应力	-0.98	-1.05	-0.98	-1.03	-1.00
	测点 5	位移	-1.42	-1.42	-1.42	-1.41	-1.41
		应力	-0.14	-0.15	-0.15	-0.16	-0.15

附录

续附表

溶洞与隧道的间距			1 m	3 m	5 m	7 m	9 m
溶洞位于隧道左拱腰位置	测点6	位移	-4.33	-4.45	-4.24	-4.35	-4.44
		应力	-11.97	-12.35	-11.15	-11.52	-11.88
	测点7	位移	-6.88	-6.68	-6.26	-6.46	-6.60
		应力	-9.28	-5.52	-5.04	-5.32	-5.50
	测点8	位移	-8.14	-7.84	-7.33	-7.62	-7.79
		应力	-1.26	-0.81	-0.93	-0.92	-0.95
溶洞位于隧道左拱肩位置	测点1	位移	-30.04	-19.52	-31.78	-21.32	-30.44
		应力	-0.23	-0.22	-0.04	-0.27	-0.36
	测点2	位移	-29.98	-19.40	-31.96	-21.17	-30.41
		应力	-0.16	-0.18	-0.10	-0.17	0.01
	测点3	位移	-5.38	-5.39	-5.36	-5.37	-5.32
		应力	-3.40	-2.85	-2.77	-3.36	-3.33
	测点4	位移	-4.75	-4.74	-4.74	-4.73	-4.70
		应力	-0.77	-1.04	-0.67	-1.05	-1.01
	测点5	位移	-1.44	-1.40	-1.46	-1.42	-1.45
		应力	-0.15	-0.15	-0.18	-0.14	-0.15
	测点6	位移	-4.50	-4.22	-4.51	-4.53	-4.70
		应力	-10.90	-9.82	-5.92	-11.37	-11.96
	测点7	位移	-6.70	-6.28	-6.69	-6.77	-7.10
		应力	-6.21	-4.68	-5.73	-5.83	-6.23
	测点8	位移	-9.01	-7.77	-7.84	-8.00	-8.43
		应力	-0.94	-1.02	-1.18	-0.89	-1.02

注：表中应力单位为 MPa，位移单位为 mm。

附录三 考虑渗流影响的隧道围岩应力、位移和孔压计算结果

附表3 隐伏充水溶洞相对隧道不同距离时围岩的应力、位移和孔隙水压情况

溶洞与隧道的间距			1 m	3 m	5 m	7 m	9 m
溶洞位于隧道拱顶位置	测点1	位移	-1.26	-1.34	-1.35	-1.38	-1.40
		应力	-1.24	-1.04	-0.84	-0.88	-0.82
		孔隙水压	1.55	1.11	1.01	0.92	0.83
	测点2	位移	-1.27	-1.29	-1.07	-0.95	-1.12
		应力	-0.73	-0.71	-0.62	-0.55	-0.56
		孔隙水压	0.12	0.08	0.10	0.11	0.13
	测点3	位移	-0.91	-0.90	-0.92	-0.93	-0.94
		应力	-0.69	-0.66	-0.69	-0.89	-0.92
		孔隙水压	0.32	0.34	0.33	0.33	0.33
	测点4	位移	-0.75	-0.75	-0.77	-0.77	-0.77
		应力	-0.68	-0.72	-0.71	-0.71	-0.69
		孔隙水压	0.46	0.45	0.43	0.46	0.45
	测点5	位移	-0.56	-0.52	-0.52	-0.52	-0.52
		应力	-0.28	-0.28	-0.28	-0.28	-0.27
		孔隙水压	0.33	0.33	0.33	0.34	0.33
	测点6	位移	-0.64	-0.65	-0.65	-0.68	-0.68
		应力	-1.79	-1.99	-1.96	-2.08	-2.11
		孔隙水压	0.44	0.45	0.46	0.48	0.46

续附表

溶洞与隧道的间距			1 m	3 m	5 m	7 m	9 m
溶洞位于隧道拱顶位置	测点7	位移	-0.94	-0.99	-0.99	-1.04	-1.05
		应力	-1.07	-1.16	-1.14	-1.21	-1.22
		孔隙水压	0.29	0.30	0.30	0.30	0.30
	测点8	位移	-1.14	-1.22	-1.20	-1.28	-1.29
		应力	-0.47	-0.47	-0.45	-0.48	-0.47
		孔隙水压	0.32	0.25	0.22	0.20	0.19
溶洞位于隧道左拱肩位置	测点1	位移	-1.50	-1.44	-1.60	-1.71	-1.67
		应力	-0.65	-0.73	-0.65	-0.96	-1.13
		孔隙水压	0.62	0.71	0.68	0.74	0.80
	测点2	位移	-1.53	-1.47	-1.52	-1.46	-1.58
		应力	-0.59	-0.57	-0.59	-0.59	-0.55
		孔隙水压	0.19	0.14	0.14	0.15	0.16
	测点3	位移	-0.95	-0.93	-0.95	-0.95	-0.97
		应力	-0.94	-0.70	-0.73	-0.90	-0.96
		孔隙水压	0.32	0.32	0.31	0.32	0.33
	测点4	位移	-0.79	-0.77	-0.79	-0.78	-0.80
		应力	-0.68	-0.69	-0.60	-0.68	-0.66
		孔隙水压	0.43	0.46	0.42	0.46	0.46
	测点5	位移	-0.63	-0.64	-0.62	-0.65	-0.63
		应力	-0.27	-0.27	-0.25	-0.28	-0.25
		孔隙水压	0.33	0.32	0.32	0.33	0.32

续附表

溶洞与隧道的间距			1 m	3 m	5 m	7 m	9 m
溶洞位于隧道左拱肩位置	测点6	位移	-0.55	-0.59	-0.65	-0.67	-0.68
		应力	-0.92	-1.12	-0.87	-1.67	-1.78
		孔隙水压	0.29	0.35	0.38	0.41	0.42
	测点7	位移	-0.68	-0.77	-0.88	-0.95	-0.98
		应力	-0.50	-0.74	-0.89	-1.02	-1.04
		孔隙水压	0.19	0.25	0.28	0.30	0.28
	测点8	位移	-0.85	-1.04	-1.05	-1.15	-1.16
		应力	-0.75	-0.46	-0.44	-0.49	-0.44
		孔隙水压	0.59	0.17	0.34	0.30	0.25

注：表中位移单位为 mm，应力单位为 MPa，孔隙水压的单位为 MPa。

参考文献

[1] 李利平. 高风险岩溶隧道突水灾变演化机理及其应用研究[D]. 济南：山东大学，2009.

[2] 刘招伟. 圆梁山隧道岩溶突水机理及其防治对策[D]. 北京：中国地质大学，2004.

[3] 王国斌. 沪蓉西高速公路乌池坝岩溶隧道涌水成灾机理研究[D]. 武汉：中国地质大学，2012.

[4] 资谊，马士伟. 岩溶隧道突水灾害发生机理与工程防治[J]. 铁道工程学报，2011，2：84-89.

[5] WANG J A, PARK H D. Fluid permeability of sedimentary rocks in a complete stress-strain process[J]. Engineering Geology, 2002, 63(2): 291-300.

[6] 杨延毅，周维垣. 裂隙岩体渗流-损伤耦合分析模型及其工程应用[J]. 水力学报，1991，5：19-27.

[7] 朱珍德，胡定. 裂隙水压对岩体强度影响[J]. 岩土力学，2000，21(1)：64-67.

[8] WOLKERSDORFER C, BOWELL R. Contemporary reviews of mine water studies in Europe [J]. Mine Water and the Environment, 2004, 23: 161.

[9] 郑少河，朱维申. 裂隙岩体渗流损伤耦合模型理论分析[J]. 岩石力学与工程学报，2001，20(2)：156-159.

[10] 仵彦卿. 岩体水力学导论[M]. 成都：西南交通大学出版社，1995.

[11] 黄涛，杨立忠. 渗流-应力耦合下裂隙围岩隧道涌水量预测[J]. 铁道学报，1999，21（6）：75-80.

[12] 张宪堂，王洪立，周红敏，等. FLAC^{3D}在海底隧道涌水量预测中的应用[J]. 岩土力学，2008，29（S1）：258-262.

[13] 郭伟. 侧部水压充填型岩溶隧道施工力学特性研究[J]. 湖南交通科技，2008（2）：131-135.

[14] 谭代明，漆泰岳，莫阳春. 侧部岩溶隧道围岩稳定性数值分析与研究[J]. 岩石力学与工程学报，2009，28（S2）：3497-3503.

[15] 莫阳春. 高水压充填型岩溶隧道稳定性研究[D]. 成都：西南交通大学，2009.

[16] 安文生. 管道型岩溶隧道突水涌泥致灾机理及处治技术研究[D]. 贵阳：贵州大学，2017.

[17] 刘继国，朱光仪，郭小红，等. 厦门海底隧道涌水量流固耦合数值分析[J]. 中外公路，2006（03）：218-221.

[18] 张旭东. 深部岩溶隧道溃水成灾机理及其工程处治技术研究[D]. 重庆：重庆大学，2010.

[19] 石少帅. 深长隧道充填型致灾构造渗透失稳突涌水机理与风险控制及工程应用[D]. 济南：山东大学，2014.

[20] 庄旭峰，孙东. 实例分析隧道建设对岩溶水的影响[J]. 中国岩溶，2016，35（6）：681-687.

[21] 高浩钧. 水压充填型溶腔对隧道稳定性影响的研究[D]. 重庆：重庆大学，2014.

[22] 聂志凌. 水压充填型岩溶隧道突水机理及衬砌结构力学特性研究[D]. 成都：西南交通大学，2009.

[23] 周毅. 隧道充填型管道构造突涌水机理与预测预警及工程应用[D]. 济南：山东大学，2015.

[24] 张尔品. 隧道隔水隔泥岩土盘破坏过程的数值模拟及分析[D]. 北京：中国铁道科学研究院，2018.

[25] 刘记. 岩溶地区隧道突水机理与结构力学行为研究[D]. 成都：西南交通大学，2012.

[26] 郭佳奇. 岩溶隧道防突厚度及突水机制研究[D]. 北京：北京交通大学，2011.

[27] 高杨. 复杂水文地质条件下德江隧道突水防灾顶板安全距离研究[D]. 贵阳：贵州大学，2016.

[28] 孙玉杰，邬爱清，张宜虎，等. 基于离散单元法的裂隙岩体渗流与应力耦合作用机制研究[J]. 长江科学院院报，2009，26（10）：62-70.

[29] 王艳丽. 基于离散单元法的裂隙岩体渗流场与应力场耦合特性研究[D]. 武汉：武汉理工大学，2007.

[30] 张志强，何本国，关宝树. 节理岩体隧道围岩稳定性判定指标合理性研究[J]. 现代隧道技术，2012，49（1）：12-19.

[31] 熊子正，孟庆祥，冯欣，等. 柱状节理岩体渗流应力耦合作用特性研究[J]. 三峡大学学报，2018，40（1）：44-47.

[32] 高峰，唐星，李星，等. 基于UDEC离散元法的隧道塌方特征分析[J]. 重庆交通大学学报，2018，37（1）：24-28.

[33] 贾金生，田冰，刘昌明. VISUALMODFLOW在地下水模拟中的应用：以河北栾城县为例[J]. 河北农业大学学报，2003（2）：71-78.

[34] 廖晓超. 川南中坝隧道岩溶地下水系统数值模型识别探讨[D]. 成都：成都理工大学，2014.

[35] 陈英姿. 大坳隧道隧址区渗流场与隧道涌水量数值模拟及预测[D]. 成都：成都理工大学，2014.

[36] 毛邦燕. 复杂岩溶介质矿井涌水量的三维数值模拟研究[D]. 成都：成都理工大学，2005.

[37] 唐起. 成兰铁路龙门山试验段涌突水量预测探析[D]. 成都：成都理工大学，2017.

[38] 王国斌. 沪蓉西高速公路乌池坝岩溶隧道涌水成灾机理研究[D]. 武汉：中国地质大学，2012.

[39] 钱家忠，朱学愚，吴剑锋，等. 矿井涌水量的灰色马尔可夫预报模型[J]. 煤炭学报，2000，25（1）：71-75.

[40] 姜谙男，梁冰. 基于最小二乘法支持向量机的煤层底板突水量预测[J]. 煤炭学报，2005，30（5）：613-617.

[41] 王延福，薪德武，曾艳京，等. 岩溶煤矿矿井煤层底板突水非线性预测方法研究[J]. 中国岩溶，1998，17（1）：57-66.

[42] 武强，庞炜，戴迎春，等. 煤层底板突水脆弱性评价的GIS与ANN耦合基础[J]. 煤炭学报，2006，31（3）：314-319.

[43] 缪协兴，陈占清，茅献彪，等. 峰后岩石非Darcy渗流的分岔行为研究[J]. 力学学报，2003，35（6）：660-667.

[44] 孙亚军,杨国勇,郑琳. 基于GIS的矿井突水水源判别系统研究[J]. 煤田地质与勘探，2007，35（2）：34-37.

[45] 武强. 华北型煤田矿井防治水决策系统[M]. 北京：煤炭工业出版社，1995.

[46] BUTTONE, BRETTEREBNER H, SCHWAB P. The application of TRT-true reflection tomography at the Unterwald tunnel in Felsbau[J]. Geophysics, 2002, 20（2）：51-56.

[47] CHRISTIAN D. Klose fuzzy rule-based expert system fro short-range seismic prediction[J]. Coputers and Geosciences, 2002, 28（3）：337-386.

[48] INAZAKI T, ISAHAI H. Stepwise application of horizontal seismic profiling for tunnel prediction ahead of the face[J]. The Leading Edge, 1999, 18（12）：1429-1431.

[49] SHIMIZU N, KATO T. Development and application of seismic reflection survey in a tunnel using hydraulic inpactor or vibrator[C]//The 7th SEGJ International Symposium on Imaging Technology. Sendai, Japan：[s.n.], 2004：236-246.

[50] SHIMIZU N, KATO T. Development and application of seismic reflection survey in a tunnel using hydraulic inpactor or

vibrator[C]//The 7th SEGJ International Symposium on Imaging Technology. Sendai, Japan: [s. n.], 2004: 236-250.

[51] 李人心. 探地雷达方法与应用[M]. 北京: 地质工业出版社, 1994.

[52] 钟世航. 陆地声纳法的原理及其在铁路地质勘测和隧道施工中的应用[J]. 中国铁路科学, 1995, 16 (4): 48-55.

[53] 刘志刚, 刘秀峰. TSP 在隧道隧洞超前预报中的应用与发展[J]. 岩石力学与工程学报, 2003, 22 (8): 1399-1402.

[54] 陈伟海, 张之淦. 峰林平原区岩溶含水层特征与调蓄功能[J]. 中国岩溶, 1999, 18 (1): 19-27.

[55] CREMER F, JOUN de W, SCHUTTE K. Fusion of polarimetric infrared features and GPR features for landmine detection[C]//The 2nd International Workshop on Advanced Ground Penetrating Radar (IWAGPR). Delft, Netherlands: [s. n.], 2003: 1-6.

[56] 刘高, 杨重存, 堪文武, 等. 深埋长大隧道涌 (突) 水条件及影响因素分析[J]. 天津城市建设学院学报, 2002, 8 (3): 160-164.

[57] 蒋冲, 赵明华, 曹文贵, 等. 基于模糊和突变理论岩溶区桩端溶洞顶板稳定性分析方法研究[J]. 公路交通科技, 2008, 12: 49-53.

[58] 黎斌, 范秋雁, 秦凤荣. 岩溶地区溶洞顶板稳定性分析[J]. 岩石力学与工程学报, 2002, 4: 532-536.

[59] WANG X Y, TAN Z S, WANG M S, et al. Theoretical and experimental study of water pressure on tunnel lining in controlled drainage under high water level[J]. Tunnelling and Underground Space Technology, 2008, 23 (S): 552-560.

[60] 李利平, 李术才, 张庆松. 岩溶地区隧道裂隙水突出力学机制研究[J]. 岩土力学, 2010, 31 (2): 523-528.

[61] 曹茜. 岩溶隧道与溶洞安全距离研究[D]. 北京: 北京交通大学, 2010.

[62] 郭佳奇, 乔春生, 曹茜. 侧部高压富水溶腔与隧道间岩柱安全厚度研究[J]. 现代隧道技术, 2010, 47 (6): 10-16.

[63] 刘招伟，何满潮，王树仁. 圆梁山隧道岩溶突水机理及防治对策研究[J]. 岩土力学，2006，27（2）：228-232.

[64] 孙谋，刘维宁. 高风险岩溶隧道掌子面突水机制研究[J]. 岩土力学，2011，4：1175-1180.

[65] British Standards. BS5930 British Standard and of practice for site investigations [M]. British Standards Institution，1999.

[66] Teehnos, Ine Benson R C, Yuhr L B. Surface Geophysical Methods[M]. //Site Characterization in Karst and Pseudokarst Terraines, Springer, Dordrecht, 2016，Volumel, fall 2004.

[67] MASANNAT YM. Development of piping erosion condiction in the Benson Area，Arizona，USA[J]. The Geological Society，1980，13.

[68] WHITE W B. Geomorphology and hydrology of karst terrains[M]. New york：Oxford University Press，1998.

[69] 谭代明，漆泰岳，莫阳春. 侧部岩溶隧道围岩稳定性数值分析与研究[J]. 岩石力学与工程学报，2009，28（增2）：3497-3503.

[70] 赵明阶，王学军，刘绪华，等. 隧道侧岩溶分布对围岩稳定性影响的数值模拟研究[J]. 重庆建筑大学学报，2003，25（1）：6-11.

[71] 宋战平，党宏斌，李宁. 既有溶洞对隧道围岩位移特征影响的数值试验[J]. 长江科学院院报，2008，25（5）：79-83.

[72] 宋战平，綦彦波，李宁. 顶部既有隐伏溶洞对圆形隧道稳定性影响的数值分析[J]. 岩土力学，2007，28（增）：485-489.

[73] 谭志宏，唐春安，曹武安. 顶部溶洞对隧道围岩稳定性影响的数值分析[J]. 隧道、地下工程及岩石破碎理论与应用，2003：77-81.

[74] 史世雍，梅世龙，杨志刚. 隧道顶部溶洞对围岩稳定性的影响分析[J]. 地下空间与工程学报，2005，1（5）：698-702.

[75] 赵明阶，徐容，刘绪华，等. 隧道顶部溶洞影响围岩稳定性的模型试验研究[J]. 地下空间，2003，23（2）：153-157.

[76] 赵明阶，刘绪华，敖建华，等. 隧道顶部岩溶对围岩稳定性影响的数值分析[J]. 岩土力学，2003，24（3）：445-449.

[77] 黎斌,范秋雁,秦风荣,等.岩溶地区溶洞顶板稳定性分析[J].岩石力学与工程学报,2002,21(4):532-536.

[78] 蒋颖.溶洞分布部位对隧道稳定性影响的数值分析[J].铁道标准设计,2009(9):67-70.

[79] 赵明阶,敖建华,刘绪华,等.隧道底部溶洞对围岩变形特征的影响分析[J].重庆建筑大学学报,2003,22(2):20-23.